초급 *Español básico 2*
스페인어 2

초급 스페인어 2

Español básico 2

초판 1쇄 발행 2013년 8월 20일
초판 10쇄 발행 2025년 8월 18일

지은이 신자영 · 이만기 · 김은경 · Raimon Blancafort

펴낸곳 서울대학교출판문화원
주소 08826 서울 관악구 관악로 1
도서주문 02-889-4424, 02-880-7995
홈페이지 www.snupress.com
페이스북 @snupress1947
인스타그램 @snupress
이메일 snubook@snu.ac.kr
출판등록 제15-3호

ISBN 978-89-521-1488-4 04770
978-89-521-1486-0 (세트)

초급 스페인어 2

Español básico 2

신자영, 이만기, 김은경, Raimon Blancafort

서울대학교출판문화원

책머리에

오늘날, 세계화 시대를 맞이하여 영어는 물론, 제2외국어 교육의 중요성이 날로 부각되고 있다. 이들 외국어 중에서 스페인어는 브라질을 제외한 라틴아메리카 대륙 대부분 국가(아르헨티나, 볼리비아, 칠레, 콜롬비아, 쿠바, 코스타리카, 에콰도르, 과테말라, 온두라스, 도미니카, 멕시코, 니카라과, 파나마, 파라과이, 페루, 엘살바도르, 우루과이, 베네수엘라, 푸에르토리코)와 스페인에서 모국어로 사용하고 있는 언어이다. 그 외에도 미국의 남부지역, 필리핀, 아프리카의 북부지역과 적도 기니 등에서 스페인어가 폭넓게 사용되고 있다. 전 세계의 스페인어 사용 인구는 대략 4억 이상으로 중국어, 영어 다음으로 사용자 수가 많다. 또한, 스페인어는 유엔을 비롯한 주요 국제기구들이 공용어로 채택한 언어로서 외교, 통상, 문화 등 국제교류 활동에서 사용이 보편화되어 있다. 영어를 위협할 정도로 스페인어가 날로 위세를 떨치고 있는 미국에서, 외국어 강좌를 수강하는 전체 대학생 중에서 절반 이상이 스페인어를 선택하고 있다는 사실은 세계 속의 스페인어 위상을 보여준다고 하겠다. 특히, 멕시코에서 아르헨티나에 이르기까지 광활하고 자원이 풍부한 라틴아메리카 대륙은 21세기에 우리가 진출해야 할 지구상의 마지막 보루로서, 최근 우리나라와의 교역이 날로 증대되고 있다.

우리나라에서도 스페인어에 대한 수요는 최근 급격하게 증가하고 있으며, 스페인어는 대부분 대학에서 제2외국어 교양과목 중 학생들이 가장 선호하는 외국어로 급부상하고 있다. 이러한 국내의 수요에 발맞추어 대학 수준의 강의를 위한 적절한 교재의 필요성이 커짐에 따라 수년에 걸친 저자들의 스페인어 교수법 연구 및 강의 경험을 바탕으로 본 교재를 개발하게 되었다. 본 교재는 다양한 영역에 학문적 수련을 받고 있는 대학생들이 비교적 짧은 기간 내에 스페인어로 의사소통할 수 있도록 하는 것을 궁극적인 목표로 삼고 있다. 이를 위하여 현대 스페인어의 기본적인 문법 구조와 기초 어휘를 비롯하여, 학생들이 적극적인 표현을 할 수 있도록 유도하는 연습문제를 많이 포함했다. 즉, 의사소통 활동을 개발하여 의사소통 중심의 강의가 될 수 있도록 하였다. 그 밖에도 녹음 파일과 함께 그림, 사진을 첨가하여 시청각적으로 학습자들이 교재에 친숙함을 느낄 수 있도록 하였다. 구체적으로, 〈초급 스페인어 2〉 교재는 언어 학습을 위한 유럽 공통참조기준의 초급2(A2) 레벨을 기준으로 스페인어의 다양한 시제를 기초로 하여 초급 의사소통에 필요한 어휘, 문법, 표현 등을 두루 포함하였다.

본 교재는 2011년도 서울대학교 인문대학 교양외국어 교재개발 프로젝트에서 교재 개발팀이 구성되어 원고 초안이 작성되었으며, 이후 2년간 서울대학교에서 개설된 초급 스페인어 강좌를 맡으신 여러 선생님의 적극적인 의견개진과 수정보완 작업을 거쳐 출판의 결실을 맺게 되었다. 따라서 본 교재의 개발팀은 학생들의 만족도를 파악하고 교수자의 실질적 요구를 교재에 반영함으로써 교재의 완성도를 높이기 위해 적극 노력하였다. 그동안 교재를 개발하는 과정에서 꼼꼼하게 수정해 주시고 적극적인 도움을 아끼지 않으신 여러 선생님(박숙희, 정인태, 정선옥, 강성식, 최은경, 남영우, 김부자, 조영실, 박은영, 정동희, 이경민, 서은희, 최유정, 리킴하나, Claudia Macías, Dorlisca Hilares)께 진심으로 감사드린다. 또한, 훌륭한 삽화를 통하여 교재를 더욱 빛나게 해 준 오아름송이 양과 박수호 군에게도 고마움을 전한다. 마지막으로 서울대학교출판문화원에도 깊은 사의를 표한다.

2013년 8월

저자 일동

차례

ÍNDICE DE LECCIONES

초급 스페인어 2 교과 내용

과 / 제목	문법	의사소통 기능	문화
Lección 1 **De compras** 쇼핑	1. 비교구문 2. 절대최상급 3. 옷 가게에서 사용되는 유용한 표현들	1. 비교하여 말하기 2. 입고 있는 옷과 장신구 표현하기 3. 옷 구입하고 교환하기	El Día de los Reyes Magos 동방박사의 날
Lección 2 **Me levanto a las siete** 나는 7시에 일어나요	1. 재귀동사와 재귀대명사 2. Doler 동사 3. 현재진행형	1. 하루 일과 표현하기 2. 신체 증상 표현하기 3. 진행 중인 동작 표현하기	Americanismos e indigenismos en el español 스페인어의 아메리카니스모와 인디헤니스모
Lección 3 **¿Has estado alguna vez en España?** 스페인에 가 본 적 있어요?	1. 현재완료 2. 수동구문 3. 긍정의 표현과 부정의 표현	1. 경험 말하기 2. 변명하기 3. 일기 쓰기 4. 기차역에서 대화 연습하기 5. 기차표 예약하기	El español como lengua internacional 국제 언어로서의 스페인어
Lección 4 **¿Qué hiciste ayer?** 어제 뭐 했니?	1. 단순과거 2. 상관관계(정도)의 표현 3. Mucho와 Muy	1. 지난 일 말하기 2. 여행에 대해 말하고 글쓰기 3. 문장 연결하여 말하기 4. 정도 표현하기 5. 운동에 대해 말하기	Los deportes en España e Hispanoamérica 스페인과 라틴아메리카의 스포츠
Lección 5 **¿Adónde fuiste la semana pasada?** 지난주에 어디 갔었니?	1. 단순과거 불규칙 동사 2. 단순과거와 현재완료시제의 용법 비교 3. Hacer 동사를 활용한 경과 시간 표현	1. 지난 일 말하기 2. 역사적 사건 말하기 3. 엽서 쓰기 4. 경과시간 표현하기	La conquista de América 아메리카 정복
Lección 6 **¿Dónde vivías cuando eras pequeño?** 어렸을 때 어디서 살았니?	1. 불완료과거 2. 단순과거와 불완료과거의 비교 3. 과거진행형 4. 과거완료 5. 간접화법	1. 지난 시절에 대하여 말하기 2. 과거에 진행 중인 행위 표현하기 3. 다른 사람의 말을 옮겨 말하기	Los premios Nobel 노벨상

과 / 제목	문법	의사소통 기능	문화
Lección 7 **¿Qué harán ustedes mañana?** 내일 여러분은 뭐 할 거예요?	1. 미래	1. 미래에 대하여 말하기 2. 추측하여 말하기 3. 미신에 대하여 말하기 4. 이력서 쓰기 5. 면접 보기 6. 장래 계획 말하기	La cultura caribeña 카리브 문화
Lección 8 **¿Podría traernos la carta?** 메뉴판을 가져다 주시겠어요?	1. 가능법	1. 과거에 대한 추측 표현하기 2. 정중하게 말하기 3. 호텔에서 대화하기 4. 식당에서 대화하기	Un plato típico de la cocina española: el gazpacho andaluz 스페인의 고유 음식: 안달루시아 가스파초
Lección 9 **¿Cómo se puede ir al Museo del Prado?** 프라도 박물관에 어떻게 가나요?	1. 명령법 2. 다양한 청유와 명령의 표현들 3. 무인칭 구문	1. 부탁하고 명령하기 2. 길 묻고 대답하기 3. 지하철 노선 묻고 대답하기 4. 허락과 금지 표현하기	Las culturas precolombinas: mayas, aztecas e incas 콜럼버스 이전 아메리카 문화: 마야와 아스텍, 잉카
Lección 10 **Te pido que vengas ahora mismo** 지금 바로 와 줘	1. 접속법 현재	1. 소망, 바람 표현하기 2. 요청, 제안, 허락하기 3. 충고하기 4. 다양한 카드 쓰기 5. 가치 판단 표현하기	La música y el baile en el mundo hispánico 스페인어권 세계의 음악과 춤
ANEXO **부록**	Lecturas de cultura 번역		연습문제 답안

De compras

쇼핑

녹음을 듣고 빈칸을 채워 보세요.

En una tienda: María va de compras a una tienda de ropa

Dependiente:	¡Buenas tardes! ¿Puedo ayudarla?
María:	Sí, por favor. Quiero comprar ___ ____.
Dependiente:	¿Qué tipo de falda quiere?
María:	Una falda ____.
Dependiente:	¿De qué estilo?
María:	Una falda vaquera de ______.
Dependiente:	¿De qué color?
María:	Quiero una falda de color azul claro.
Dependiente:	¿De qué ___?
María:	No sé··· una falda de ___ ______, o un poco más pequeña.
Dependiente:	Tiene que probársela antes de comprarla. Cada marca tiene tallas diferentes.
María:	¡Es verdad! También, según _ _____, a veces me va bien una talla más pequeña.
Dependiente:	¿La quiere ___ ______?
María:	No, es mejor sin bolsillos.
Dependiente:	¡Ya la tengo! Es muy bonita. Es la más bonita de todas.
María:	¿Cuánto _____?
Dependiente:	A ver··· Esta falda cuesta treinta euros. Y está _ _____.
María:	¡Qué bien! Entonces, la compro.

Diálogo

En una tienda: María va de compras a una tienda de ropa

Dependiente:	¡Buenas tardes! ¿Puedo ayudarla?
María:	Sí, por favor. Quiero comprar una falda.
Dependiente:	¿Qué tipo de falda quiere?
María:	Una falda corta.
Dependiente:	¿De qué estilo?
María:	Una falda vaquera de algodón.
Dependiente:	¿De qué color?
María:	Quiero una falda de color azul claro.
Dependiente:	¿De qué talla?
María:	No sé··· una falda de talla mediana, o un poco más pequeña.
Dependiente:	Tiene que probársela antes de comprarla. Cada marca tiene tallas diferentes.
María:	¡Es verdad! También, según el diseño, a veces me va bien una talla más pequeña.
Dependiente:	¿La quiere con bolsillos?
María:	No, es mejor sin bolsillos.
Dependiente:	¡Ya la tengo! Es muy bonita. Es la más bonita de todas.
María:	¿Cuánto cuesta?
Dependiente:	A ver··· Esta falda cuesta treinta euros. Y está en oferta.
María:	¡Qué bien! Entonces, la compro.

Vocabulario

¿puedo ayudarla? 당신을 도와드릴까요?
talla mediana 중간 크기, medium 사이즈
marca 상표, 브랜드
según ~에 따라서
bolsillo 주머니
a ver 어디 봅시다
qué tipo de~ 어떤 종류의 ~
un poco 약간
¡es verdad! 맞아요
me va bien 나에게 잘 맞아요
en oferta 할인 중인
¡vale! 좋아, 알았어

Expresiones útiles

1. **¿puedo + 동사원형?:** ~해 드릴까요?
   ¿Puedo ayudarla?
2. **¿qué tipo de + 명사 + 동사?:** 무슨 종류의 ~를 ~하세요?
   ¿Qué tipo de falda quiere?
3. **¿de qué + 명사?:** 어떤 ~에 해당되나요? 어떤 ~로요?
   ¿De qué talla?
   ¿De qué color?
4. **es el / la más + 형용사 + de todos / todas:** 그건 가장 ~한 거예요.
   Es la más bonita de todas.

Preguntas de comprensión

1. ¿Adónde va de compras María?
2. ¿Qué tipo, color y estilo de ropa le gusta a María?
3. ¿Cuánto vale la falda?
4. ¿Por qué María tiene que probarse la falda antes de comprarla?

상점의 세일

Gramática y actividades

1. 비교구문

<table>
<tr><td rowspan="4">Carmen es</td><td>más</td><td rowspan="4">alta</td><td>que</td><td rowspan="3">tu amiga</td></tr>
<tr><td>menos</td><td>que</td></tr>
<tr><td>tan</td><td>como</td></tr>
<tr><td>la (chica) más</td><td>de</td><td>la clase</td></tr>
</table>

1) 우등비교

'더 많은~', '더 ~한', '더 많이 ~하게'의 뜻을 가진다.

① 일반적으로 'más'를 붙여서 비교급 형태를 만든다.

> más + 명사 / 형용사 / 부사 + que + 비교의 대상
> 동사 + más + que + 비교의 대상

Mi hermano tiene más amigos que yo. 내 형은 나보다 친구가 더 많다.

Este vestido azul es más bonito que aquel blanco. 이 파란색 원피스는 저 하얀색보다 더 예쁘다.

Mis compañeros corren más rápido que yo. 친구들이 저보다 더 빨리 달려요.

Yo trabajo más que mis compañeros. 나는 내 동료들보다 더 많이 일한다.

② más를 사용하지 않고 비교급의 형태가 따로 있는 불규칙형도 있다.

원급	비교급
bueno (형용사) / bien (부사) malo (형용사) / mal (부사) grande pequeño	mejor peor mayor (나이) / más grande (크기) menor (나이) / más pequeño (크기)

Esta camisa es mejor que aquella blusa. 이 셔츠는 저 블라우스보다 더 좋다.
Aquella blusa es peor que esta camisa. 저 블라우스는 이 셔츠보다 더 나쁘다.

③ grande와 pequeño는 '크기'를 비교할 때에는 más나 menos와 함께 사용되지만, '나이'를 비교할 때에는 불규칙 형태인 mayor와 menor를 쓴다.

Esta camiseta me queda más grande que aquella. 이 티셔츠는 저것보다 나한테 더 크다.
Aquellos pantalones vaqueros son más pequeños que estos. 저 청바지는 이것보다 더 작다.

Fernando es mayor que Pedro. 페르난도는 뻬드로보다 나이가 많다.
Pedro es menor que Fernando. 뻬드로는 페르난도보다 나이가 어리다.

연습문제 1

주어진 질문에 보기와 같이 답해 보세요.

> **보기** A: ¿Cuál es más caro? ¿Un coche o una computadora?
> B: Un coche es **más** caro **que** una computadora.

1. ¿Cuál es más difícil? ¿Español o inglés?
2. ¿Cuál es más interesante? ¿Una película coreana o una película extranjera?
3. ¿Cuál es más rápido? ¿Una moto o un coche?
4. ¿Cuál es más barato? ¿Viajar en tren o viajar en autobús?
5. ¿Cuál es más sabroso? ¿El pollo o el cerdo?

2) 열등비교: 덜 ~하다

menos + 명사 / 형용사 / 부사 + que + 비교의 대상 동사 + menos + que + 비교의 대상

Hay menos gente que ayer en el concierto.	음악회에는 어제보다 사람이 더 적다.
El dinero es menos importante que la salud.	돈은 건강보다 덜 중요하다.
Carmen es menos estudiosa que Ana.	까르멘은 아나보다 공부를 덜 열심히 한다.
José habla menos rápido que Pedro.	호세는 뻬드로보다 덜 빨리 말한다.
El vecino trabaja menos que mi padre.	이웃 사람은 나의 아버지보다 덜 일한다.

연습문제 2

보기와 같이 주어진 문장을 완성해 보세요.

> **보기** Juan tiene más experiencia que Pedro.
> → Pedro tiene **menos** experiencia **que** Juan.

1. Juan es más alto que su padre.
2. Yo soy más guapa que mi hermana.
3. Mis compañeros son más inteligentes que yo.
4. Los niños comen más que nosotros.
5. Los coches corren más rápido que las motos.
6. Yo siempre cometo más errores que tú.
7. Tú hablas español mejor que yo.
8. Mi padre tiene cinco años más que mi madre.

3) 동등비교: ~만큼 ~하다

tanto / tanta / tantos / tantas + 명사 + como + 비교의 대상
tan + 형용사 / 부사 + como + 비교의 대상
동사 + tanto + como + 비교의 대상

Ellos tienen tantos problemas como nosotros. 그들은 우리들만큼 많은 문제가 있다.
Yo no tengo tanto trabajo como tú. Te puedo ayudar. 나는 너처럼 일이 많지 않아. 너를 도와줄 수 있어.

Este vestido es tan caro como aquel. 이 드레스는 저것만큼 비싸다.
Pablo corre tan rápido como Juan. 빠블로는 후안만큼 빨리 달린다.

María no trabaja tanto como Juan. 마리아는 후안만큼 일을 많이 하지 않는다.
Te quiero tanto como tus padres. 나는 너의 부모님만큼 너를 사랑해.

주의 tanto의 다른 용법

tanto A como B (= no solo A sino también B): A뿐 아니라 B도 역시 ~

Tanto Juan como Pedro trabajan mucho. 후안뿐만 아니라 뻬드로도 열심히 일한다.
No me acuerdo tanto de Ana como de Carmen. 나는 아나도 까르멘도 기억나지 않는다.

연습문제 3

tan~ como~ 표현을 이용하여 보기와 같이 주어진 문장을 완성해 보세요.

보기 Mi jardín es muy bonito.
El jardín de mi vecina es muy bonito, también. (bonito)
→ Mi jardín es tan bonito como el de mi vecina.

1. Mi apartamento tiene diez pisos. Su apartamento tiene once pisos. (alto)
2. Estos pendientes son muy bonitos. Esos pendientes son bonitos, también. (bonito)
3. Este vestido azul es moderno. Aquel vestido amarillo es muy moderno, también. (moderno)
4. Esos pantalones formales son cómodos. Estos pantalones deportivos son cómodos también. (cómodo)
5. Mi falda no es muy corta. Pero tu falda es bastante corta. (corto)
6. Esta camisa azul es muy ancha. Aquella camisa blanca también es muy ancha. (ancho)

연습문제 4

tanto/-a/-os/-as~ como~ 표현을 이용하여 보기와 같이 주어진 문장을 완성해 보세요.

보기 Tengo 100 euros. Tú tienes 200 euros.
→ **No** tengo **tanto** dinero **como** tú.

1. Yo tengo mucha prisa. Tú también tienes mucha prisa.
2. Tengo calor. Tú también tienes mucho calor.
3. Juan tiene mucha hambre. Su hijo tiene mucha hambre.
4. Tienes nueve amigas mexicanas. Tengo diez amigas mexicanas.
5. Tengo mucho trabajo que hacer hoy. Tú también tienes mucho trabajo.
6. Estas zapatillas cuestan 60 euros. Aquellos zapatos cuestan 200 euros.

4) 최상급 표현

정관사 + (명사) + más / menos + 형용사 + de / entre
정관사 + mejor / peor / mayor / menor + (명사) + de / entre

¿Cuál es el abrigo más barato de la tienda?	이 가게에서 어떤 것이 제일 싼 코트인가요?
El español es el curso más interesante entre todos.	스페인어는 가장 재미있는 수업이다.
Juan es el mejor estudiante de esta clase.	후안은 이 교실에서 가장 훌륭한 학생이다.

연습문제 5

다음 주어진 표현을 정렬하여 최상급으로 표현해 보세요.

> **보기** Frida Kahlo, la pintora, famosa, de México
> → Frida Kahlo es la pintora más famosa de México.

1. Este, el programa, divertido, de todos
2. Sevilla, la ciudad, popular, de España
3. Juan, el chico, generoso, entre mis amigos
4. Física, la asignatura, difícil, de todas
5. Esta, la comida, sabrosa, de este restaurante
6. Este, el mejor, jugador, de toda Europa

참고 비교급을 활용한 속담

Más vale un pájaro en mano que ciento volando.
날아가는 백 마리의 새보다 손에 있는 한 마리의 새가 더 가치 있다.
Más vale tarde que nunca.
안 하는 것보다 늦게라도 하는 것이 더 낫다.

5) 비교급을 활용한 기타 표현

① más / menos de + 숫자: ~이상으로 / ~이하로

Este coche deportivo cuesta más de cien mil dólares. — 이 스포츠카는 가격이 10만 달러 이상이다.

Este traje está de rebajas. Cuesta menos de 100 euros. — 이 정장은 세일 중입니다. 가격이 100유로 이하입니다.

② mayor / menor de ~ años: ~세 이상 / 미만

Esta película está prohibida para menores de 19 años. — 이 영화는 19세 미만의 청소년들에게는 금지되어 있다.

Estos asientos son para mayores de 65 años. — 이 좌석들은 65세 이상인 노인분들을 위한 것이다.

2. 절대최상급: 형용사나 부사의 강조형

1) 일반적으로 형용사나 부사의 마지막 모음을 삭제하고 어미 '-ísimo/-a'를 붙여 '매우 ~한 / 하게'의 의미를 나타낸다. 비교의 의미는 없다.

guapo → guapísimo	mucho → muchísimo	dulce → dulcísimo

Carlos es guapísimo. 까를로스는 정말 잘생겼다.
Este helado de fresa es dulcísimo. 이 딸기 아이스크림은 너무 달다.
Las montañas son altísimas. 산은 매우 높다.
Este libro es interesantísimo. 이 책은 정말 재미있다.

2) 철자가 변형되는 경우: 원형에 'c'와 'g'가 나오는 형용사는 그 음가를 유지하기 위해 철자가 바뀐다.

rico → riquísimo	largo → larguísimo

La nieve de esa montaña es blanquísima. 그 산의 눈은 매우 하얗다.
Este tren es larguísimo. 이 기차는 매우 길다.
María come poquísimo. 마리아는 정말 조금 먹는다.

3) 형용사의 어간이 i로 끝나는 경우 'i'를 하나 생략하고 절대최상급을 만든다. 단 'vacío'와 같이 강세가 있는 'í'로 끝나는 경우는 예외이다.

limpio → limpísimo	sucio → sucísimo	vacío → vaciísimo

연습문제 6

절대최상급을 이용하여 보기와 같이 표현해 보세요.

> **보기** A: ¿Es sabrosa esta comida?
> B: Sí, es sabrosísima.

1. ¿Estás contento?
2. ¿Su padre es muy rico?
3. ¿Te gusta este anillo de diamantes?
4. ¿Es larga la película?
5. ¿Es hermoso el paisaje de los Andes?
6. ¿Es alto este edificio?
7. ¿Es difícil el examen?
8. ¿Es simpática la señora de la casa?

연습문제 7

옷, 장신구와 관련된 단어들을 익혀 보세요.

Ropa

vestido

vaqueros

pantalones

falda

camisa

blusa

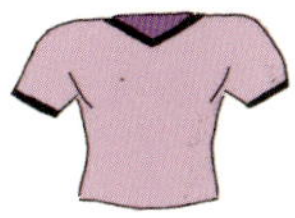
camiseta

jersey / suéter

abrigo

chaqueta

traje

Zapatos

botas

zapatos

zapatillas

Accesorios

corbata

guantes

sombrero

gorra

pendientes

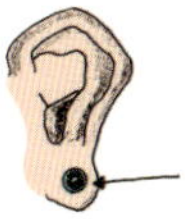
aretes

collar

pulsera

anillo

calcetines

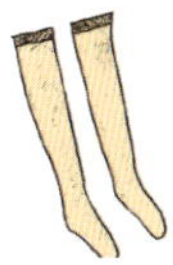
medias

연습문제 8 Vamos a hablar

그림을 보고 남자와 여자가 입고 있는 옷, 신발, 장신구에 대하여 묘사해 보세요.
그리고 여러분이 입고 있는 것을 말해 보세요.

보기 Llevo unos pantalones vaqueros estrechos, una camiseta de color azul, una chaqueta de estilo informal y unos pendientes pequeños.

1. ¿Qué ropa y qué accesorios llevan?
2. ¿Qué ropa y qué accesorios llevas ahora?

참고할 어휘

una chaqueta de estilo formal / casual
unos pantalones formales / deportivos / cómodos / incómodos / estrechos / anchos
una camiseta / un jersey / una chaqueta / un abrigo de color ________________
una camisa de color ____________
una camiseta de algodón / seda / lana
una blusa de seda
un abrigo / una chaqueta de lana
una falda corta / larga
un vestido de color ____________
unos pendientes / unos aretes bonitos

3. 옷 가게에서 사용되는 유용한 표현들

1) (점원이) 무엇을 찾으세요? / 무엇을 도와드릴까요?

A: ¿Qué desea? / ¿Qué quiere comprar? 무엇을 사길 원하세요?
¿En qué puedo servirle? 도와드릴까요?
B: Solo estoy mirando 그냥 둘러보고 있습니다.

2) 가격 묻기

A: ¿Cuánto cuesta el vestido? / ¿Cuánto vale? 원피스는 얼마인가요?
B: Cuesta cien euros. 100유로입니다.
A: En total, ¿cuánto es? 모두 얼마인가요?
B: Son 200 euros. 모두 200유로입니다.

3) 물건 고를 때

A: ¿Qué le parece esta falda? 이 치마 어떠세요?
B: Me queda muy bien. 내게 잘 맞습니다.
Me queda un poco corta. 약간 짧습니다.

B: ¿Puedo probarme estos pantalones? 이 바지 입어 봐도 되나요?
A: Sí, claro. ¿Qué talla tiene usted? 네, 물론이죠. 치수가 어떻게 되죠?

4) 지불 수단

A: ¿Quiere pagar en efectivo o con tarjeta? 현금으로 계산하시겠어요? 아니면, 신용카드로 계산하시겠어요?
B: En efectivo. 현금으로 낼게요.

연습문제 9 **Vamos a hablar**

점원과 손님이 되어 옷 가게에서의 다음 대화를 완성해 보세요.

Dependiente: Buenas tardes. ¿____?
Cliente: ¡Hola! Quiero comprar ____________________.
Dependiente: Mire, tenemos estos modelos. ¿Qué le parece(n) este/-a/-os/-as ______________________?
Cliente: Me parece bien. ¿Puedo _______________?
Dependiente: Sí, el probador está al fondo a la derecha.
...
Dependiente: ¿Qué tal le queda?
Cliente: Me queda _______________(grande, pequeño/-a, ancho/-a, estrecho/-a, largo/-a, corto/-a). ¿Puedo probarme otro/-a?
Dependiente: Sí, claro.
...
Cliente: Me queda muy bien. Lo / La compro. ¿____________________?
Dependiente: Cuesta __________ euros. Está de rebajas.
Cliente: ¡Es__________(carísimo/-a, baratísimo/-a)! ¿________________________?
Dependiente: Sí, puede pagar con su tarjeta. Pase por caja, por favor.

CULTURA

El Día de los Reyes Magos

En España, el Día de los Reyes Magos es una fiesta muy popular. Según la tradición, una noche entre los días 5 y 6 de enero, tres reyes procedentes de Oriente llegaron a Belén viajando sobre camellos y guiados por una estrella. Llevaron al Niño Jesús tres regalos: oro, incienso y mirra. Por eso, desde hace mucho tiempo atrás, los niños españoles reciben regalos el 6 de enero.

El día 5 de enero por la tarde, en casi todas las ciudades de España, hay desfiles por las calles principales, y desde las carrozas los pajes reales lanzan caramelos a todos los espectadores. En el desfile o "cabalgata", tres hombres vestidos de reyes medievales representan a los tres Reyes Magos que llevan por nombre: Melchor, Gaspar y Baltasar.

Esa noche, los niños van a dormir temprano, pero antes de acostarse dejan, junto a sus zapatos, agua y comida para los camellos y dulces o bebidas para los reyes. Al día siguiente, los niños se levantan apresuradamente para ver el regalo que les han traído los Reyes Magos.

¿VERDADERO O FALSO?

Contesta:

	V	F
1. El Día de los Reyes Magos es una fiesta tradicional en España.	☐	☐
2. Los niños dan regalos a los espectadores.	☐	☐
3. Los reyes viajaron a Belén en carrozas cuando nació Jesús.	☐	☐
4. Los niños dejan regalos en sus casas para los tres reyes magos.	☐	☐

Viaje al mundo hispano

동방박사의 날 케이크

동방박사의 날 어린이 모습

동방박사로 분장한 사람들

Me levanto a las siete

나는 7시에 일어나요

녹음을 듣고 빈칸을 채워 보세요.

En casa de Mario: los consejos de mamá

Sra. Gómez: ¡Mario, despiértate! ¡Es la hora de ________! ¡Ya son las siete de la mañana! ¡Vas a _____ _____!

Mario: ¡Ya voy mamá!... ¡Ay, __ ____ un poco la cabeza!

Sra. Gómez: Con una taza de leche caliente y una ________ de miel se te pasa.

Mario: Está bien, mamá. Ahora mismo __ ______ y me visto.

Sra. Gómez: Primero, debes ducharte y no tardes. Siempre pasas mucho tiempo peinándote y _________.

Mario: ¡Mamá! ¡Solo paso treinta minutos en el baño!

Sra. Gómez: ¡Date _____! Tienes que desayunar y no te queda mucho tiempo.

Mario: ¡No _ ________, mamá! Tengo tiempo suficiente.

Sra. Gómez: No olvides que, después de desayunar, debes ________ los dientes.

Mario: ¡Ya lo sé mamá! ¡Eso puedo hacerlo en un segundo! Te aseguro que voy a llegar _ ______ a la universidad.

Sra. Gómez: Bueno, confío en ti.

Diálogo

En casa de Mario: los consejos de mamá

Sra. Gómez: ¡Mario, despiértate! ¡Es la hora de levantarse! ¡Ya son las siete de la mañana! ¡Vas a llegar tarde!

Mario: ¡Ya voy mamá!... ¡Ay, me duele un poco la cabeza!

Sra. Gómez: Con una taza de leche caliente y una cucharada de miel se te pasa.

Mario: Está bien, mamá. Ahora mismo me levanto y me visto.

Sra. Gómez: Primero, debes ducharte y no tardes. Siempre pasas mucho tiempo peinándote y afeitándote.

Mario: ¡Mamá! ¡Solo paso treinta minutos en el baño!

Sra. Gómez: ¡Date prisa! Tienes que desayunar y no te queda mucho tiempo.

Mario: ¡No te preocupes, mamá! Tengo tiempo suficiente.

Sra. Gómez: No olvides que, después de desayunar, debes cepillarte los dientes.

Mario: ¡Ya lo sé mamá! ¡Eso puedo hacerlo en un segundo! Te aseguro que voy a llegar a tiempo a la universidad.

Sra. Gómez: Bueno, confío en ti.

Vocabulario

una cucharada de 한 스푼 분량의 ~
date prisa(darse prisa) 서둘러, 서두르다
suficiente 충분한
en un segundo 금방, 1초 만에
confío en (confiar en) ~를 신뢰하다
se te pasa 너에게서 없어진다, 사라진다
no te queda mucho tiempo 너에게 시간이 많이 남지 않았어
llegar a tiempo 정시에 도착하다

Expresiones útiles

1. es la hora de + 동사원형: ~할 시간이야.
   Es la hora de levantarse.

2. me duele(n) + 정관사 + 신체: 나는 ~가 아파요.
   Me duele un poco la espalda.

3. pasar + 시간 + 분사(-ando/-iendo): ~하면서 시간을 보내다.
   Siempre pasas mucho tiempo peinándote y afeitándote.

4. después de + 동사원형, deber + 동사원형: ~한 다음에 ~해야 해요.
   Después de desayunar, debes cepillarte los dientes.

Preguntas de comprensión

1. ¿A qué hora se despierta Mario?
2. ¿Cómo está Mario? ¿Está bien?
3. ¿Qué le recomienda su madre?
4. Normalmente, ¿cuánto tiempo pasa Mario en el baño?
5. ¿Por qué está preocupada la madre de Mario?

밀크커피(café con leche)와 샌드위치

Gramática y actividades

1. 재귀동사와 재귀대명사

재귀대명사는 문장 내에서 주어와 동일한 사람을 가리키는 대명사로 '자기 자신'을 뜻한다. 이 재귀대명사가 타동사에 붙어 재귀동사를 만든다.

	재귀대명사	동사
Yo	**me**	levanto. 나는 일어난다.
Tú	**te**	levantas. 너는 일어난다.
Usted / Él / Ella	**se**	levanta. 그는 / 그녀는 / 당신은 일어난다.
Nosotros / Nosotras	**nos**	levantamos. 우리는 일어난다.
Vosotros / Vosotras	**os**	levantáis. 너희들은 일어난다.
Ustedes / Ellos / Ellas	**se**	levantan. 그들은 / 그녀들은 / 당신들은 일어난다.

1) 재귀대명사가 직접목적어의 역할을 하는 구문

levantar '일으키다'에 재귀대명사 se를 붙이면 levantarse '자기 자신을 일으키다', 즉 '일어나다'라는 자동사 기능을 하는 재귀동사가 만들어진다.

재귀동사	타동사 구문	재귀동사 구문
despertar**se** 잠에서 깨다	Juan despierta **al niño**. 후안이 아이를 깨운다.	El niño **se** despierta a las seis. 아이는 6시에 깬다.
acostar**se** 잠자리에 들다	Yo acuesto **a mi niña**. 나는 내 아이를 재운다.	Marta **se** acuesta a las once. 마르따는 11시에 잔다.
bañar**se** 목욕하다	Bañas **al perro**. 너는 개를 목욕시킨다.	**Te** bañas. 너는 목욕한다.
llamar**se** 이름이 ~이다	La muchacha llama **a su mamá**. 그 소녀는 엄마를 부른다.	La muchacha **se** llama Carolina. 그 소녀가 이름이 까롤리나이다.
sentar**se** 앉다	Usted sienta **al niño**. 당신은 아이를 앉힌다.	Mi madre **se** sienta en el sillón. 우리 어머니가 소파에 앉으신다.
duchar**se** 샤워하다	La madre ducha **a su bebé**. 어머니는 아기를 샤워시킨다.	Mi madre **se** ducha. 우리 어머니가 샤워하신다.

재귀동사	타동사 구문	재귀동사 구문
afeitar**se** 면도하다	El peluquero afeita **a Juan**. 이발사가 후안을 면도시켜 준다.	Juan **se** afeita. 후안이 면도한다.
peinar**se** 머리를 빗다	La peluquera peina **a la niña**. 미용사는 여자 애 머리를 빗겨 준다.	La niña **se** peina. 아이가 머리를 빗는다.

연습문제 1

다음 빈칸에 적절한 동사 형태를 써 넣어 보세요.

1. Todas las mañanas (yo) ________________ (despertarse), ________________ (levantarse), ________________ (ducharse) y desayuno.
2. ¿A qué hora ________________ (levantarse) tú?
3. Generalmente, (yo) ________________ (despertarse) a las siete de la mañana, pero a veces ________________ (levantarse) a las diez.
4. Pareces cansado. ¿Por qué no ________________ (acostarse)?
5. ¿Cómo ________________ (llamarse) ese chico?
   ________________ (llamarse) Antonio.
6. Mi hermano ______________ (bañarse) todas las mañanas.
7. Los señores ________________ (sentarse) en el banco.
8. María ________________ (maquillarse) en su habitación.

2) 재귀대명사가 간접목적어의 역할을 하는 구문

타동사 구문의 경우 직접목적어는 반드시 관사와 함께 온다.

재귀동사	타동사 구문	재귀동사 구문
lavar**se** **las manos** 손을 씻다	Juan **le** lava las manos **al niño**. 후안은 아이 손을 씻겨 준다.	Juan **se** lava **las manos**. 후안은 손을 씻는다.
poner**se** **la ropa** 옷을 입다	Ana **le** pone la chaqueta **a Juan**. 아나는 후안에게 자켓을 입힌다.	Ana **se** pone **la chaqueta**. 아나는 자켓을 입는다.
quitar**se** **la ropa** 옷을 벗다	La madre **le** quita la ropa **al niño**. 어머니는 아이의 옷을 벗긴다.	La madre **se** quita **la ropa**. 어머니는 옷을 벗는다.
cepillar**se** **los dientes** 이를 닦다	Mamá **me** cepilla los dientes. 엄마는 나의 이를 닦아 준다.	Yo **me** cepillo **los dientes**. 나는 이를 닦는다.

주의 다음과 같은 사용은 바르지 않으므로 주의해야 한다.
Me lavo mis manos. × Lavo mis manos. ×

연습문제 2

적절한 표현을 넣어 문장을 완성해 보세요.

1. La señora ________________ (ponerse) una blusa en el vestuario.
2. Los coreanos ___________________ (quitarse) los zapatos al entrar en casa.
3. La niña _______________ (lavarse) la cara y los pies.
4. Nosotros _________________ (cepillarse) los dientes tres veces al día.
5. Hace mucho frío. Antes de salir, yo _____________ (ponerse) los guantes.
6. Yo ________________ (acostarse) a las 12 de la noche.
7. El domingo por la mañana yo siempre ________________ (levantarse) muy tarde.
8. Después de jugar al fútbol, yo ______________ (ducharse) con agua caliente.

3) 재귀동사 형태로 숙어처럼 사용되는 구문

acordarse de	~을 기억하다	despedirse de	~와 작별하다
dedicarse a	~에 종사하다, ~일을 하다	encontrarse con	~와 만나다

A: ¿Te acuerdas del doctor Pérez? 뻬레스 박사님을 기억하니?
B: Sí, me acuerdo de él. 네, 저는 그분을 기억해요.

A: ¿A qué se dedica tu padre? 너희 아버지 무슨 일하시니?
B: Trabaja en una compañía de automóviles. 자동차 회사에서 일하셔.

4) 상호 재귀 구문

재귀동사에서 주어가 복수형이면서 '서로서로'의 의미를 지닌다. 상호의 의미를 강조하기 위해 'entre sí', 'uno a otro', 'mutuamente'와 같은 표현을 보충하여 사용하기도 한다.

Juan y Ana se aman locamente. 후안과 아나는 열렬히 서로 사랑한다.
¿Ustedes se escriben cartas? 여러분은 서로 편지를 쓰나요?
Dos amigos se saludan **entre sí / uno a otro / mutuamente.** 두 친구는 서로 인사한다.

연습문제 3

적절한 표현을 넣어 문장을 완성해 보세요.

1. Unos novios ________________ (abrazarse) y luego ________________ (besarse).
2. ¿(Tú) ________________ (acordarse) de mí?
3. Dos alumnos ___________________ (saludarse) uno a otro.
4. ¡Adiós! (Nosotros) ___________________ (verse) mañana en la fiesta.
5. Unos señores ___________________ (saludarse) y ________________ (darse) la mano.
6. Algunos jugadores ______________________ (despedirse) de sus admiradores.

연습문제 4 **Vamos a hablar**

다음의 질문에 적절하게 답해 보세요.

1. ¿A qué hora te despiertas?
2. ¿Te levantas temprano o tarde?
3. ¿Te duchas por la mañana o por la tarde?
4. ¿Te cepillas los dientes después de cada comida?
5. ¿Te secas el pelo con una toalla o con un secador?
6. ¿Siempre te lavas las manos antes de comer?
7. ¿Qué te pones normalmente para ir a la facultad?
8. ¿Te maquillas?
9. ¿Te quitas los zapatos al entrar en casa?
10. ¿A qué hora te acuestas?

연습문제 5 **Redacción libre**

다음 표현을 이용하여 나의 하루 일과를 말해 보세요. 자신이 하는 일을 찾아서 순서대로 이야기해 보세요. 이때 시간을 나타내는 연결 표현과 함께 말해 보세요.

참고할 어휘

despertarse
levantarse
ducharse
bañarse
secarse
peinarse
maquillarse
afeitarse
lavarse la cara / las manos
cepillarse los dientes
desayunar
tomar café con leche
salir de casa
tomar tren / autobús / metro / taxi
llegar tarde a clase
asistir a clase
comer en una cafetería con mis amigos
estudiar en una biblioteca
salir con mis amigos
jugar al fútbol / tenis / baloncesto / béisbol
tomar unas copas en un bar
ir de compras
volver a casa
ver televisión
escuchar música
leer un periódico
limpiar mi casa / mi habitación
lavar ropa
hacer mi tarea
preparar la comida / cena
cenar en casa / en un restaurante
quitarse la ropa
acostarse a las ~

보기 Por la mañana, primero me levanto a las siete, luego me ducho y me seco el pelo con el secador. Después desayuno y, por último, me pongo la ropa y me maquillo. Salgo de casa a las ocho y media.

2. Doler 동사: ~가 아프다

doler 동사는 '~가 아프다'는 의미를 가지며, 아픈 사람은 간접목적어 형태로 동사 앞에 위치하고 아픈 신체 부위는 주어로서 정관사와 함께 동사 뒤에 온다.

(A mí) (A ti) (A usted / él / ella) (A nosotros / nosotras) (A vosotros / vosotras) (A ustedes / ellos / ellas)	me te le nos os les	duele la cabeza. 머리가 아프다. duelen las muelas. 어금니가 아프다.

¿Qué te duele? 넌 어디가 아프니?
Me duele la espalda. 등/허리가 아파요.

¿Qué le duele a Ud.? 어디가 아프신가요?
Me duele el estómago. 배가 아파요.

¿Qué le duele a ese hombre? 그 남자는 어디가 아픈가요?
Le duelen las piernas. 그 사람은 양쪽 다리가 아픕니다.

연습문제 6

partes del cuerpo

그림을 보고 몸의 각 부분의 명칭을 알아봅시다. 그리고 보기와 같이 묻고 대답해 보세요.

la cabeza ______	la cara ______	los ojos ______
el oído ______	la oreja ______	la nariz ______
la boca ______	los dientes ______	las muelas ______
la garganta ______	el cuello ______	el hombro ______
la espalda ______	el brazo ______	el codo ______
la muñeca ______	la mano ______	los dedos ______
la cadera ______	la pierna ______	la rodilla ______
el tobillo ______	el pie ______	el estómago ______
el corazón ______		

보기 el chico, la espalda
→ Al chico le duele la espalda.

1. usted, la cabeza
2. tú, los oídos
3. el futbolista, los pies
4. la bailarina, las piernas
5. el tenista, el codo
6. la señora, la nariz
7. el pianista, los dedos
8. yo, el corazón

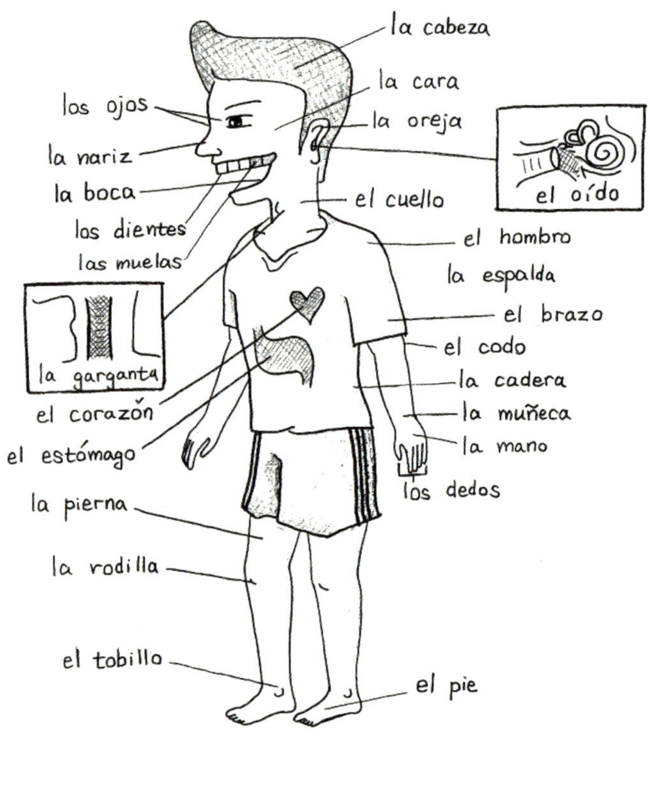

연습문제 7 **Vamos a hablar**

¿Qué te pasa?

다음 표현을 이용하여 대화를 완성해 보세요.

Síntomas :
Me duele(n) ______________.
Tengo dolor de ______________.
Estoy enfermo(/-a) / resfriado(/-a)
Tengo gripe / tos / fiebre

Remedios :
¿Por qué no tomas *una aspirina / una pastilla / una medicina / un té caliente / un vaso de leche caliente con una cucharada de miel / algo caliente?*
¿Por qué no *descansas / vas a ver al médico / haces ejercicio?*

A: ¿Qué te pasa? ¿Estás enfermo/-a?
B: Sí, __________________________.
A: ¿Por qué no ______________________?
B: Gracias. Voy a ___________________.

3. 현재진행형

1) 「estar의 현재형 + 현재분사」로 이루어지며, '~하고 있는 중이다'의 뜻을 가진다.

Yo	estoy	escuch**ando** música. 음악을 듣고 있어요. com**iendo** una manzana. 사과를 먹고 있어요. escrib**iendo** un correo electrónico. 이메일을 쓰고 있어요.
Tú	estás	
Usted / Él / Ella	está	
Nosotros / Nosotras	estamos	
Vosotros / Vosotras	estáis	
Ustedes / Ellos / Ellas	están	

2) 규칙형 현재분사

일반적으로 '-ar' 동사는 '-ando'로, '-er'와 '-ir' 동사는 '-iendo'의 형태로 현재분사를 만든다.

	동사원형	현재분사
규칙형 현재분사	hablar 말하다 comer 먹다 vivir 살다	habl**ando** com**iendo** viv**iendo**

3) 불규칙형 현재분사

동사원형이 '-ir'로 끝나는 어간모음 불규칙 동사는 불규칙형 현재분사를 가진다. 어간이 모음으로 끝나는 '-er'나 '-ir' 동사의 경우 '-iendo' 대신 '-yendo'를 붙여서 현재분사를 만든다.

	동사원형	현재분사
불규칙형 현재분사	dormir 자다 morir 죽다	durm**iendo** mur**iendo**
	decir 말하다 pedir 요구하다 sentir 느끼다	dic**iendo** pid**iendo** sint**iendo**
	leer 읽다 oír 듣다	le**yendo** o**yendo**

mentir	속이다	seguir	따라가다
conseguir	얻다	servir	(음식을) 가져다주다
huir	도망치다	construir	짓다, 건축하다
creer	믿다	caer	떨어지다

A: ¿Qué estás haciendo? 너는 무엇을 하는 중이니?

B: Estoy leyendo el periódico en el salón. 나는 거실에서 신문을 읽고 있어.

El testigo no está diciendo la verdad. 증인은 사실을 말하고 있지 않아요.

4) 목적격대명사의 위치

현재진행형의 문장에서 목적격대명사가 있는 경우에는 현재분사의 뒤에 바로 붙여 쓰거나, estar 동사 앞에 놓는다.

A: ¿Estás estudiando la lección 12? 너는 12과를 공부하고 있니?
B: Sí, estoy estudiándo**la**. / Sí, **la** estoy estudiando. 응, 그것을 공부하고 있어.

A: ¿María está poniéndose la falda? 마리아는 치마를 입고 있는 중이에요?
B: Sí, se la está poniendo. / Sí, está poniéndosela. 네, 그것을 입고 있는 중이에요.

5) 현재형이 진행형을 대신하여 같은 기능으로 쓰일 수 있다.

A: ¿Qué haces? 너 뭐하니?
(= ¿Qué estás haciendo?) (= 너는 뭘 하고 있니?)
B: Veo la televisión. 나는 텔레비전을 봐.
(= Estoy viendo la televisión.) (= 나는 텔레비전을 보고 있어.)

연습문제 8

괄호 속의 동사구를 이용하여 현재진행형으로 표현해 보세요.

1. Los estudiantes ______________(estudiar) la lección de hoy.
2. El bebé __________(dormir) en su cuna.
3. Las flores __________________(caer) de los árboles.
4. El médico __________________(examinar) al paciente.
5. La señorita __________________(ponerse) la ropa ahora.
6. El profesor _________________(dar) la clase de matemáticas.
7. El chófer ______________(conducir) el coche.
8. Los turistas __________________(seguir) al guía.

연습문제 9

주어진 표현을 이용하여 질문에 대답해 보세요.

보기 A: ¿Qué están comiendo los niños?
B: (comer galletas con leche)
→ Están comiendo galletas con leche.

1. ¿Qué estáis tomando? (tomar cerveza)
2. ¿Qué está haciendo tu hijo? (dormir)
3. ¿Qué están haciendo los jugadores? (quitarse las camisetas)
4. ¿Qué están haciendo las señoras? (maquillarse)

연습문제 10

보기와 같이 질문에 대답해 보세요.

보기 A: ¿Estás bebiendo leche?
B: Sí, estoy bebiéndola. / Sí, la estoy bebiendo.

1. ¿Estás leyendo una novela de García Márquez? (Sí, ~)
2. ¿Ustedes están comiendo tacos? (Sí, ~)
3. ¿Los muchachos están haciendo la tarea de hoy? (Sí, ~)
4. ¿Está poniéndose los pantalones? (Sí, ~)

CULTURA

Americanismos e indigenismos en el español

Los americanismos son palabras y expresiones tomadas de dialectos y lenguas indígenas de América que se han incorporado al español. Hay americanismos que tienen su origen en términos españoles y que ahora son arcaísmos en España, pero se siguen usando en América Latina. Estos vocablos diferencian al español americano del español peninsular (España). Los indigenismos son, mayoritariamente, palabras de origen náhuatl, quechua, maya, guaraní y taíno. Por ejemplo: cacao, mate, pampa, llama, canoa, tomate, maíz, papas, etc.

En México, los indigenismos provienen en su mayoría del náhuatl, también conocido como lengua azteca. Y en Sudamérica, en general, los indigenismos provienen del idioma quechua.

El quechua fue la lengua oficial del imperio inca y, actualmente, tiene más de diez millones de hablantes en una gran parte de Sudamérica (Perú, Bolivia, Colombia, Ecuador, Argentina y Chile).

¿VERDADERO O FALSO?

Contesta:

	V	F
1. Los americanismos son únicamente palabras de lenguas indígenas.	☐	☐
2. En México, los indigenismos más comunes vienen del náhuatl.	☐	☐
3. El quechua es una lengua hablada por millones de personas.	☐	☐
4. El español peninsular (España) es igual que el español americano.	☐	☐

Viaje al mundo hispano

올메까 두상

떼오띠우아깐 피라미드

마야 문명의 치첸이트사 피라미드

아즈텍 태양의 돌

¿Has estado alguna vez en España?

스페인에 가 본 적 있어요?

녹음을 듣고 빈칸을 채워 보세요.

En la universidad: el viaje turístico de Octavio

Octavio: Estas vacaciones quiero ir __ ____ por España. ¿Has estado en España ______ ___?

Guadalupe: Sí, acabo de regresar de Zaragoza.

Octavio: ¡Qué _____! ¿Qué lugares ___ _______?

Guadalupe: He recorrido casi todas las ciudades.

Octavio: Entonces, ¿qué ciudades me recomiendas?

Guadalupe: Yo creo que Madrid y Barcelona son las ciudades que debes visitar.

Octavio: Y ¿___ _______ la comida española?

Guadalupe: ¡Por supuesto! ___ _______ paella a la valenciana, gazpacho y diferentes tipos de tapas. ¡La comida española es muy ______!

Octavio: ¡Ya veo! ¿Has visto algún espectáculo?

Guadalupe: Bueno, en Sevilla __ ____ una corrida de toros.

Octavio: ¡Qué emoción! Estoy pensando usar el AVE para recorrer España. ¿Qué opinas?

Guadalupe: ¡Buena idea! ¡____ ____!

Diálogo

En la universidad: el viaje turístico de Octavio

Octavio:	Estas vacaciones quiero ir de viaje por España. ¿Has estado en España alguna vez?
Guadalupe:	Sí, acabo de regresar de Zaragoza.
Octavio:	¡Qué suerte! ¿Qué lugares has visitado?
Guadalupe:	He recorrido casi todas las ciudades.
Octavio:	Entonces, ¿qué ciudades me recomiendas?
Guadalupe:	Yo creo que Madrid y Barcelona son las ciudades que debes visitar.
Octavio:	Y ¿has probado la comida española?
Guadalupe:	¡Por supuesto! He comido paella a la valenciana, gazpacho y diferentes tipos de tapas. ¡La comida española es muy sabrosa!
Octavio:	¡Ya veo! ¿Has visto algún espectáculo?
Guadalupe:	Bueno, en Sevilla he visto una corrida de toros.
Octavio:	¡Qué emoción! Estoy pensando usar el AVE para recorrer España. ¿Qué opinas?
Guadalupe:	¡Buena idea! ¡Buen viaje!

Vocabulario

ir de viaje 여행을 가다
¡qué suerte! 정말 운이 좋구나
recomiendas(recomendar) 추천하다
corrida de toros 투우
¡buena idea! 좋은 생각이야
acabo de~ (acabar de~) 막 ~하다
recorrido(recorrer) 돌아다니다
espectáculo 구경거리
opinas(opinar) 생각을 가지다
¡buen viaje! 여행 잘해

Expresiones útiles

1. **¿has + 과거분사 + alguna vez ?:** ~해 본 적 있니?
   ¿Has estado alguna vez en España?
   ¿Has probado la comida española?
2. **¿qué + 명사 + me recomiendas?:** 어떤 ~를 나에게 추천하겠니?
   ¿Qué ciudades me recomiendas?
3. **¿has + 과거분사 + algún / alguna / algunos / algunas + 명사?:** 어떤 ~를 ~해 본 적 있니?
   ¿Has visto algún espectáculo?

Preguntas de comprensión

1. ¿Adónde quiere ir Octavio de vacaciones?
2. ¿Ha estado alguna vez Guadalupe en Madrid?
3. ¿Qué ciudades le recomienda Guadalupe a Octavio?
4. ¿Qué cosas ha hecho Guadalupe durante su viaje?
5. ¿Qué medio de transporte piensa utilizar Octavio, durante su viaje por España?

마드리드 레띠로(Retiro) 공원

Gramática y actividades

1. 현재완료

대체로 과거에 일어난 행위가 현재까지 영향을 미치는 경우에 사용된다.

1) 형태

현재완료는 「haber 현재형 + 과거분사」로 이루어진다. 일반적으로 '과거분사'는 동사의 어간에 '-ado'나 '-ido'를 붙여 만든다. 완료시제에서 쓰이는 과거분사는 형용사가 아니라 동사시제의 한 형태이기 때문에 주어에 맞추어 성과 수를 일치할 필요가 없다.

Yo	**he**	tomado café solo. 블랙커피를 마셨다. comido pan. 빵을 먹었다. dormido mal. 잘 못 잤다.
Tú	**has**	
Usted / Él / Ella	**ha**	
Nosotros / Nosotras	**hemos**	
Vosotros / Vosotras	**habéis**	
Ustedes / Ellos / Ellas	**han**	

2) 과거분사의 규칙형과 불규칙형

동사원형이 '-ar'로 끝나는 동사는 어간에 '-ado'를 붙이고 동사원형이 '-er'나 '-ir'로 끝나는 동사는 어간에 '-ido'를 붙여 '과거분사'의 규칙형을 만든다.

규칙형		불규칙형	
comprar beber servir	compr-**ado** beb-**ido** serv-**ido**	ver poner romper escribir abrir morir volver hacer decir	**visto** **puesto** **roto** **escrito** **abierto** **muerto** **vuelto** **hecho** **dicho**

주의 동사의 어간이 모음으로 끝나는 '-er', '-ir'형 동사는 이중모음형성을 막기 위해 '-ído'를 붙인다.
예) creer → creído　oír → oído　leer → leído　caer → caído

3) 용법

① 현재를 포함하는 부사와 함께 쓰여 현재와 관련이 있는 기간 동안에 완료된 동작을 나타낸다.

hoy / esta mañana / esta tarde / esta noche / esta semana / este año / este verano / este invierno / este semestre / este trimestre

Esta mañana he desayunado a las nueve.	오늘 아침에 나는 9시에 아침을 먹었어요.
Este año ha hecho bastante frío.	금년에는 상당히 추웠습니다.

② Hace un rato 등과 같은 부사구와 함께 쓰여 일어난 지 얼마 안 된 사건을 표현할 때 사용된다.

hace un rato / un instante / un momento / 10 minutos / menos de 24 horas

Me han robado el bolso hace diez minutos.	10분 전에 가방을 도둑맞았어요.
¿Qué has dicho?	방금 뭐라고 했어요?
He comido hace un rato, pero todavía tengo hambre.	방금 전에 식사를 했는데 아직도 배가 고파요.

③ 완료, 결과, 경험, 계속의 의미를 나타낸다.

A: ¿Ha salido el tren para Madrid?	마드리드행 기차가 출발했나요?
B: No, aún / todavía no ha salido.	아니, 아직 출발 안 했어요.
Sí, ya ha salido.	네, 벌써 출발했어요.

A: He perdido mi pasaporte.	여권을 잃어버렸어요.
B: ¡Qué lástima!	안됐구나!

A: ¿Has estado alguna vez en Argentina?	아르헨티나에 가 본 적 있니?
B: Sí, dos veces.	응, 두 번 가 봤어.
No, no he estado nunca. / No, nunca he estado allí.	아니, 한 번도 거기 가 본 적이 없어.

A: Hablas español muy bien. ¿Cuánto tiempo has estudiado español?	스페인어 잘하네요. 스페인어 공부를 얼마 동안 했어요?
B: He estudiado español durante seis meses.	스페인어를 6개월간 공부했어요.

④ 목적대명사가 쓰이는 경우에는 반드시 haber 동사 앞에 쓰인다.

A: ¿Habéis comprado manzanas?	너희들 사과 샀니?
B: Sí, ya las hemos comprado. /	응, 벌써 샀어. /
No, todavía no las hemos comprado.	아니, 아직 그것들을 사지 못했어.

연습문제 1

괄호 안의 동사를 이용하여 현재완료의 문장으로 만들어 보세요.

1. ¿A qué hora ________________ (levantarse, tú) hoy?
2. __________________ (levantarse, yo) a las 7 de la mañana.
3. Esta semana __________________ (llover) mucho.
4. Este invierno _________________ (nevar) muy poco.
5. Los muchachos no ________________ (hacer) su tarea.
6. ¿________________ (ver, tú) a Clara hoy?
7. No, no la __________________ (ver, yo).
8. Nosotros ___________________ (vivir) en esta casa durante cinco años.

주의 주어의 일시적인 상태를 표현하는 「estar + 과거분사」 구문에서, 과거분사는 형용사로 쓰이는 것이므로, 이것이 수식하는 명사구의 성과 수에 일치해야 한다.

A: ¿Están abiertos los bancos? 은행들이 열려 있습니까?
B: No, a esta hora están cerrados. 아닙니다, 이 시간에는 닫혀 있습니다.

A: Mi coche está estropeado y no funciona. ¿Hay algún taller cerca de aquí? 내 차가 고장이 나서 작동을 하지 않아요. 이 근처에 수리점이 있나요?
B: Sí, pero está cerrado ahora. 네, 그런데 지금 닫혀 있어요.

A: ¿Qué tal? 어떠니?
B: Estoy muy cansado. 아주 피곤해.

연습문제 2 **Vamos a hablar**

주어진 표현을 사용하여 보기와 같이 대화해 보세요.

보기 A: ¿Has estado alguna vez en ___________?
B: Sí, he estado ____________ / No, no he estado nunca.

una vez / dos veces / ____________ veces / muchas veces

1. Londres

2. Roma

3. París

4. Moscú

5. Cuzco

6. Egipto

7. Argentina

8. Chile

9. isla Jeju

10. Estados Unidos

11. África

12. China

연습문제 3 **Vamos a hablar**

Tus experiencias

보기와 같이 주어진 질문에 대답해 보세요.

> **보기** A: ¿Has estado alguna vez en Europa?
> B: Sí, he estado una vez en Francia e Inglaterra.
> / No, nunca he estado en Europa.

1. ¿Has estado en algún país extranjero?
2. ¿Has probado comida mexicana?
3. ¿Has probado carne de perro?
4. ¿Has tenido algún accidente de tráfico?
5. ¿Has perdido alguna cosa de valor?
6. ¿Has visto alguna vez una corrida de toros?
7. ¿Has visto alguna película recientemente?
8. ¿Has llegado tarde a tu clase de español?

연습문제 4

주어진 질문에 대한 대답을 골라 말해 보세요.

> **보기** Profesor: ¿Por qué has llegado tarde a clase?
> Estudiante: Perdone, es que me he levantado tarde.

perder el autobús	perder el metro
no oír el despertador	olvidarse
tardar en encontrar el aula	encontrarse con un amigo en el camino
estar en un examen	estar en una reunión
no tener ganas de estudiar	salir tarde de otra clase
______________________	

연습문제 5 **Redacción libre**

¿Qué has hecho hoy?

여러분이 오늘 한 일을 시간과 함께 열 가지 이상씩 써 보세요.

보기

Hoy me he levantado a las siete. He desayunado a las ocho. He salido de casa a las ocho y media. He llegado a la universidad a las nueve. Y he asistido a la clase de economía. Después de clase me he encontrado con unos amigos en una cafetería. He regresado a casa a las seis. Me he duchado a las nueve y he visto televisión hasta muy tarde. Me he acostado casi a medianoche.

2. 수동구문(Construcciones pasivas)

1) ser + 과거분사

「ser + 과거분사 + (por 행위자)」의 수동구문은 어떤 동작이나 행위의 영향을 받는 대상을 주어로 표현하는 구문이다. 과거분사는 주어의 성과 수에 일치한다. 능동문의 목적어는 수동문의 주어가 되며, 능동문의 행위자 주어는 수동문에서 'por 행위자'로 나타나며 생략할 수도 있다.

Los ciudadanos respetan al presidente.	국민들은 대통령을 존중한다.
→ El presidente es respetado por los ciudadanos.	대통령은 국민들에게 존중받는다.
Aquellos obreros han construido estas casas.	저 노동자들이 이 집들을 지었다.
→ Estas casas han sido construidas por aquellos obreros.	이 집들은 저 노동자들에 의해 지어졌다.

연습문제 6

다음을 수동태로 바꾸어 표현해 보세요.

1. Gaudí ha diseñado la Sagrada Familia.
2. Los barcos han contaminado el mar.
3. Los romanos han construido el acueducto de Segovia.
4. Los muchachos han roto el vidrio de la ventana.
5. Un taxi ha atropellado a un gato.
6. Un niño ha tirado una pelota.

2) 수동의 se('se' pasiva)

「ser + 과거분사」 구문 대신 「se + 타동사」 구조를 이용하여 수동구문을 만들 수 있다. 수동의 se 구문에는 'por 행위자'가 나타나지 않는 경향이 있으며, 현재시제에도 가능하기 때문에 널리 사용되는 경향이 있다. 주로 사물이 주어로 오는 경우 사용된다.

A: En España, ¿a qué hora se abren los bancos? 스페인에서 은행은 몇 시에 열리나요?

B: En España, los bancos se abren a las nueve y media de la mañana. 스페인에서는 은행이 오전 9시 30분에 열려요.

연습문제 7

se 수동태를 사용하여 문장을 다시 표현해 보세요.

1. ¿Cuándo han firmado los documentos?
2. Han firmado los documentos esta mañana.
3. Han construido el Estadio Olímpico este año.
4. Han enviado unos paquetes a la oficina del director.
5. En España cierran las tiendas durante el almuerzo.
6. Venden tabaco en el estanco.

3. 긍정의 표현과 부정의 표현

긍정어(afirmativos)	부정어(negativos)
algo 어떤 것	nada 아무것도 (아니다)
alguien 누군가	nadie 아무도 (아니다)
alguno/-a/-os/-as 어떤 것 / 사람	ninguno/-a/-os/-as 어떤 것 / 사람도 (아니다)
siempre 항상	nunca / jamás 결코 ~ 않다
o ~, o ~ 혹은	ni ~, ni ~ ~도 아니다
también 또한 (~이다)	tampoco 또한 (~아니다)

1) 부정의 표현이 동사 뒤에 나오는 문장의 경우, 반드시 동사 앞에 no를 사용한다.

A: ¿Hay algo en esa caja?	상자에 무엇인가 있니?
B: No, no hay nada en la caja.	상자에 아무것도 없어.
A: ¿Conoces a alguien en este hospital?	이 병원에 누구 아는 사람이 있니?
B: No, no conozco a nadie.	아니, 아무도 아는 사람이 없어.
A: ¿Vive alguien en esta casa?	이 집에 누가 삽니까?
B: No, no vive nadie.	아니요, 아무도 살지 않아요.

2) 부정어가 동사 앞에 위치할 경우, no를 중복하여 사용하지 않는다.

Juan no come carne nunca. / Juan nunca come carne.	후안은 절대 고기를 먹지 않아.
Yo no necesito ese archivo tampoco. / Tampoco necesito ese archivo.	나도 그 파일이 필요 없다.
No vive nadie en esta casa. / Nadie vive en esta casa.	아무도 이 집에 살지 않는다.
No vienen ni Juan ni María. / Ni Juan ni María vienen.	후안도 마리아도 오지 않는다.

3) 명사를 수식하는 형용사로는, 명사의 성과 수에 따라 긍정어로 algún(남성단수명사 앞에서 'o' 탈락), alguna, algunos, algunas 그리고 부정어로는 ningún(남성단수명사 앞에서 'o' 탈락), ninguna를 각각 사용한다. 대명사로도 사용이 가능하다.

A: ¿Conoces a algún profesor?	선생님 중에서 아는 분 있니?
B: No, no conozco a ninguno.	아니, 한 분도 없어.

A: Si tiene alguna duda, puede llamarme inmediatamente. — 궁금한 점이 있으시면, 즉시 저에게 연락하시면 됩니다.

B: No, no tengo ninguna. Gracias por su amabilidad. — 아닙니다, 없습니다. 친절에 감사드립니다.

연습문제 8

보기와 같이 질문에 부정문으로 대답해 보세요.

보기

A: ¿Quiere algo más?
B: No, no quiero nada más.

1. ¿Hay algo interesante?
2. ¿Hay alguien en casa?
3. ¿Tiene algún diccionario?
4. ¿Tienes alguna pregunta?
5. ¿Hay algo especial en tu fiesta?
6. ¿Tienes algún examen esta semana?
7. ¿Tienes alguna tarea que hacer para hoy?
8. ¿Hay algún estudiante enfermo en esta clase?

연습문제 9 **Vamos a hablar**

En una estación de tren

대화를 연습해 보세요.

A: ¡Hola! ¡Buenas tardes!
B: ¡Buenas tardes!
A: ¿A qué hora sale el próximo tren a Sevilla?
B: Hay un AVE que sale a las dieciséis quince.
A: ¿Es el último?
B: No. El último sale a las veinte quince.
A: ¡Perfecto! Quiero sacar dos billetes de ida y vuelta para las dieciséis quince.
B: Aquí tiene.
A: ¡Muy bien! ¿En qué andén está el tren?
B: En el siete.

참고할 어휘

sacar un billete / boleto
un billete de ida y vuelta / de ida
el primer / el próximo / el último tren para~ / desde~
andén
taquilla
itinerario / horario de tren

연습문제 10

www.renfe.com 사이트를 찾아서 여러분이 여행하고자 하는 곳으로 가는 기차표를 예약해 보세요. 그리고 보기와 같이 말해 봅시다.

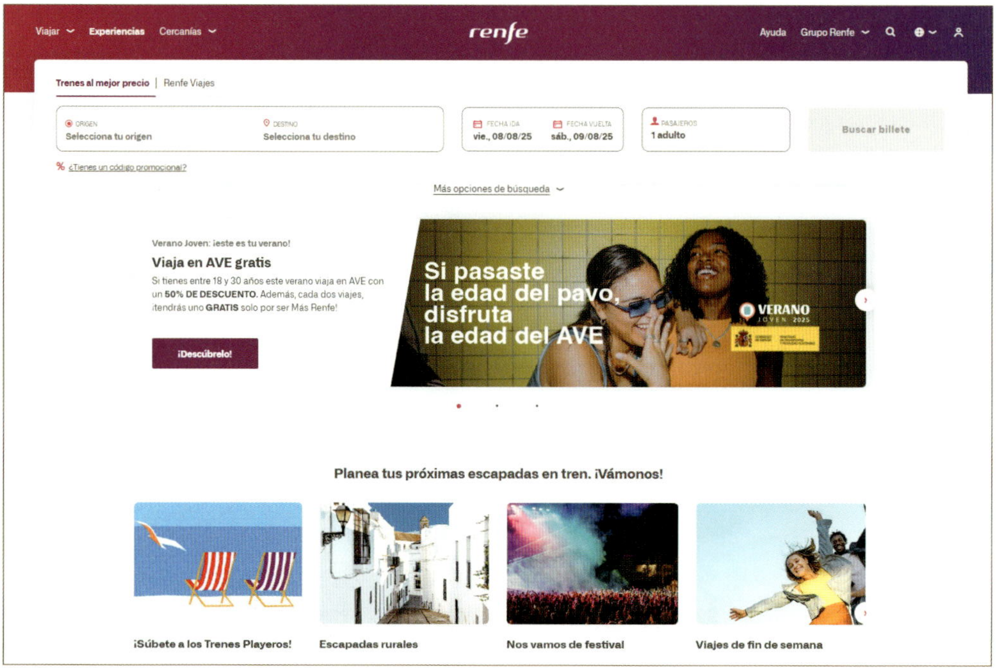

보기 He comprado dos billetes de ida y vuelta a Toledo para el 18 de marzo.
El tren sale de Madrid a las nueve y media de la mañana y llega a Toledo a las once menos cuarto.
De regreso, sale de Toledo a las diez de la noche y llega a Madrid a las once y cuarto.

He comprado ___ billete(s) de ______________ a ___________ para el ___________.
El tren sale de ___________ a ___________ y llega a ___________ a ___________.
De regreso, sale de __________ a ___________ y llega a ___________ a __________.

CULTURA

El español como lengua internacional

Sin duda, el español es una de las lenguas más importantes y habladas en el mundo. Es también idioma oficial de muchas organizaciones internacionales: ONU (*Organización de las Naciones Unidas*), OEA (*Organización de Estados Americanos*), UNESCO (*Organización de las Naciones Unidas para la Educación, la Ciencia y la Cultura*), entre otras.

El español es una lengua que se extiende por los cinco continentes y tiene casi cerca de 500 millones de hablantes. Es lengua oficial de 21 países, incluyendo España, países de América Latina y el Caribe. Además, es lengua oficial de Guinea Ecuatorial en el continente africano.

El español es el segundo idioma más hablado en los Estados Unidos después del inglés, y también es el segundo idioma más estudiado en el mundo con 17,8 millones de estudiantes repartidos en 90 países.

La creciente presencia del español en los Estados Unidos y Brasil ayudará a la internacionalización del español. De hecho, el español ya es la segunda lengua más utilizada del mundo en el campo económico y comercial.

¿VERDADERO O FALSO?

Contesta:	V	F
1. El español está perdiendo importancia en un mundo globalizado.	☐	☐
2. En los Estados Unidos hay poca gente que habla español.	☐	☐
3. El español no es muy usado en los negocios o el comercio.	☐	☐
4. En Brasil, está creciendo el interés por aprender español.	☐	☐

Viaje al mundo hispano

2007년 이베로아메리카 정상회담

2010년 이베로아메리카 정상회담

2011년 판아메리카 대회 개막식(Juegos Panamericanos)

¿Qué hiciste ayer?

어제 뭐 했니?

녹음을 듣고 빈칸을 채워 보세요.

En la universidad: Diana y Carlos hablan sobre sus actividades de fin de semana

Carlos: ¡Hola, Diana! ¿Qué tal el ___ ___ ______? ¿Qué hiciste el sábado?

Diana: ¡Hola! Por la tarde, _____ al tenis con mis amigos. Después, ______ a un bar y hablamos mucho. Lo _______ genial. ¿Y tú?

Carlos: Me encontré con mi novia y ________ tapas en la Plaza Mayor. Después ______ una película. Y ¿qué hiciste el domingo?

Diana: El domingo _____ muchas horas y _______ con mis padres en un restaurante italiano. Por la tarde, ___ con mi hermana y corrimos en un parque.

Carlos: ¡Qué bien! En cambio, yo _____ a María y pasamos casi todo el día preparando una presentación en grupo para la clase.

Diana: ¿Y no ____________ nada más?

Carlos: Bueno, más tarde fuimos a la Puerta del Sol. Y comimos churros con chocolate.

Diana: ¡Son ___________!

Carlos: ¡Así es!

Diálogo

En la universidad: Diana y Carlos hablan sobre sus actividades de fin de semana

Carlos: ¡Hola, Diana! ¿Qué tal el fin de semana? ¿Qué hiciste el sábado?

Diana: ¡Hola! Por la tarde, jugué al tenis con mis amigos. Después, fuimos a un bar y hablamos mucho. Lo pasamos genial. ¿Y tú?

Carlos: Me encontré con mi novia y comimos tapas en la Plaza Mayor. Después vimos una película. Y ¿qué hiciste el domingo?

Diana: El domingo dormí muchas horas y almorcé con mis padres en un restaurante italiano. Por la tarde, salí con mi hermana y corrimos en un parque.

Carlos: ¡Qué bien! En cambio, yo llamé a María y pasamos casi todo el día preparando una presentación en grupo para la clase.

Diana: ¿Y no hicisteis nada más?

Carlos: Bueno, más tarde fuimos a la Puerta del Sol. Y comimos churros con chocolate.

Diana: ¡Son deliciosos!

Carlos: ¡Así es!

Vocabulario

genial 아주 좋은, 끝내주는
en cambio 반대로
en grupo 그룹으로 하는
pasaste(pasar) 시간을 보내다
me encontré con(encontrarse con) ~와 만나다
presentación 발표
churros 츄러스
así 그렇게

Expresiones útiles

1. ¿qué + 단순과거 + 시간?: ~에 무엇을 ~했니?
¿Qué hiciste el sábado?

2. 시간 + 단순과거: ~에 ~했어요.
El sábado por la mañana me levanté temprano.

3. *pasar* (단순과거) + 시간 + 분사 (-ando / -iendo): ~하면서 시간을 보냈다.
Pasamos casi todo el día preparando la presentación.

4. *encontrarse con* + 사람: ~와 만나다.
Me encontré con mi novia.

Lección 4

Preguntas de comprensión

1. ¿Qué hizo Diana el sábado por la tarde?
2. ¿Qué hizo Carlos ese mismo día?
3. ¿Con quién y en dónde almorzó Diana el domingo?
4. ¿Qué comió Carlos el domingo por la tarde? ¿Con quién?

츄러스와 초콜릿(churros con chocolate)

Gramática y actividades

1. 단순과거

과거에 이미 끝난 동작이나 상태를 표현한다.

1) 규칙 동사 형태

단순과거의 규칙 동사의 경우 어간은 변하지 않고, 어미만 주어의 인칭과 수에 따라 변화한다. '-er'형 동사와 '-ir'형 동사는 동일한 단순과거형을 가진다.

	hablar	**comer**	**vivir**
yo	habl**é**	com**í**	viv**í**
tú	habl**aste**	com**iste**	viv**iste**
usted / él / ella	habl**ó**	com**ió**	viv**ió**
nosotros / nosotras	habl**amos**	com**imos**	viv**imos**
vosotros / vosotras	habl**asteis**	com**isteis**	viv**isteis**
ustedes / ellos / ellas	habl**aron**	com**ieron**	viv**ieron**

연습문제 1

다음 괄호 안의 동사를 단순과거형으로 바꾸어 보세요.

1. ¿A qué hora ______________ (tú, acostarse) anoche?
   ______________ (yo, acostarse) a las once.
2. ¿En qué año ______________ (tú, nacer)?
   ______________ (yo, nacer) en el año 1992.
3. ¿Qué ____________ (comer) ustedes?
   ______________ (nosotros, comer) una paella valenciana y __________ (beber) un buen vino.
4. ¿A qué hora ______________ (volver, tú) a casa ayer?
   ______________ (yo, volver) muy tarde, a las doce de la noche.
5. ¿______________ (vosotros, recibir) mi correo electrónico?
   Sí, lo ______________ (nosotros, recibir) anteayer.

6. ¿Durante cuánto tiempo ______________ (tú, vivir) en Madrid?
   ____________________ (yo, vivir) dos años y medio.
7. ¿Cuántos kilómetros ____________________ (ustedes, caminar)?
   ____________________ (nosotros, caminar) veinte kilómetros.
8. ¿A qué hora ________________ (salir) el tren?
   ___________________ (salir) a las siete.

2) 어미의 철자에 유의해야 할 동사

① '-car, -gar, -zar'로 끝나는 동사는 1인칭 단수형의 철자에 유의하여야 한다.

	buscar	**llegar**	**empezar**
yo	bus**qué**	lle**gué**	empe**cé**
tú	buscaste	llegaste	empezaste
usted / él / ella	buscó	llegó	empezó
nosotros / nosotras	buscamos	llegamos	empezamos
vosotros / vosotras	buscasteis	llegasteis	empezasteis
ustedes / ellos / ellas	buscaron	llegaron	empezaron

explicar	설명하다	sacar	꺼내다	tocar	만지다 / 악기를 연주하다
jugar	놀다	pagar	지불하다	pegar	붙이다 / 때리다
almorzar	점심을 먹다	cruzar	횡단하다	comenzar	시작하다

② 어간이 모음으로 끝나는 동사는 3인칭 단·복수에서 어미의 모음이 i → y로 변한다.

	caer	oír
yo	caí	oí
tú	caíste	oíste
usted / él / ella	ca**y**ó	o**y**ó
nosotros / nosotras	caímos	oímos
vosotros / vosotras	caísteis	oísteis
ustedes / ellos / ellas	ca**y**eron	o**y**eron

creer 믿다　　leer 읽다　　construir 건설하다

destruir 파괴하다　　sustituir 대체하다

연습문제 2

다음 괄호 안의 동사를 단순과거형으로 바꾸어 보세요.

1. ¿A qué hora _______________ (tú, llegar) a casa?
   _______________ (yo, llegar) a las nueve de la noche.
2. ¿En qué restaurante _______________ (tú, almorzar) ayer?
   _______________ (yo, almorzar) en la cafetería de la universidad.
3. ¿_______________ (tocar) usted el piano?
   No, _______________ (yo, tocar) el violín.
4. ¿_______________ (tú, jugar) al fútbol?
   No, _______________ (yo, jugar) al tenis.
5. _______________ (yo, cruzar) la calle y _______________ (yo, llegar) a la estación de metro.
6. ¿Qué libro _______________ (leer) usted la semana pasada?
   _______________ (yo, leer) El Quijote.

3) 용법

① 과거의 한 시점에서 보았을 때, 이미 끝난 동작이나 상태를 표현한다.
주로 과거를 지시하는 부사 anoche, ayer, anteayer, el otro día, la semana pasada, el año pasado 등과 함께 사용된다.

A: ¿A qué hora saliste ayer de la oficina? 어제 너는 사무실에서 몇 시에 나왔니?
B: Salí a las cinco de la tarde. 오후 5시에 나왔어요.

A: ¿Qué pasó en el año 1492? 1492년에 무슨 일이 일어났나요?
B: Cristóbal Colón llegó a América. 콜럼버스가 아메리카 대륙에 도착했어요.

Lección 4

② 과거에 지속되었거나 진행되고 있던 동작이나 상태라도, 시작과 끝이 분명한 구체적인 기간 또는 거리가 명시되면 단순과거를 쓴다.

Enrique habló durante hora y media. 엔리께는 1시간 반 동안 얘기했어요.
Ayer llovió todo el día. 어제는 하루 종일 비가 왔어요.
Viví en México durante 10 años. 나는 멕시코에서 10년 동안 살았어요.

연습문제 3 **Vamos a hablar**
다음 질문에 대답해 보세요.

¿Qué hiciste ayer?

1. ¿A qué hora te levantaste?
2. ¿Comiste algo? ¿Tomaste café o té?
3. ¿A qué hora saliste hacia la universidad?
4. ¿Qué medio de transporte tomaste?
5. ¿A qué hora llegaste allí?
6. ¿A qué hora regresaste a casa?
7. ¿Leíste algún libro?
8. ¿Estudiaste? ¿Qué estudiaste?
9. ¿Miraste Internet? o ¿viste programas de televisión?
10. ¿A qué hora te acostaste?

연습문제 4 Tu viaje

주어진 표현을 이용하여 여행과 관련된 다양한 질문을 묻고 답해 보세요.

1. ¿Cómo preparaste tu viaje?

> **참고할 어휘**
>
> sacar los billetes de avión / tren
> reservar un hotel
> cambiar dinero
> solicitar pasaporte
> pedir una visa / un visado
> hacer mi maleta
> leer una guía turística
> buscar información en Internet
> preguntar a mis amigos sobre ese sitio
> mirar un mapa

2. ¿Qué hiciste en el aeropuerto?

> **참고할 어휘**
>
> llegar al aeropuerto
> facturar / documentar / registrar mi equipaje en el mostrador
> sacar la tarjeta de embarque
> subir al avión

3. ¿Qué hiciste después de llegar al aeropuerto?

참고할 어휘

bajar del avión
pasar el control de pasaporte y la aduana
tomar un autobús / tren / metro / taxi para ir al centro de la ciudad
alojarse en un hotel / hostal

4. ¿Qué hiciste después de llegar al centro de la ciudad?

참고할 어휘

visitar una oficina de turismo
comer comida típica
comprar unos recuerdos / unas postales
ver una función de flamenco
visitar museos y otros sitios de interés

연습문제 5 **Redacción libre**

가장 기억에 남는 여행에 대한 글을 써 보세요.

2. 상관관계(정도)의 표현

1) 너무 ~해서 ~하다 / ~할 정도로 너무 ~하다

tan + 형용사 / 부사 + que ~ tanto/-a/-os/-as + 명사 + que ~ 동사 + tanto que ~

Estoy tan cansado que no puedo levantarme.	나는 너무 피곤해서 일어날 수 없어.
La niña habla tan rápido que no podemos entenderla.	그 여자아이는 매우 빨리 말해서 우리가 이해할 수 없어요.
Tengo tanto trabajo que no puedo salir contigo.	나는 일이 너무 많아서 너랑 나갈 수 없어.
Los niños hablaron tanto que el profesor se enfadó.	아이들이 너무 많이 떠들어서 선생님이 화가 났어요.

2) 너무 ~해서 ~할 수 없다 / ~하기에 너무 ~하다

demasiado + 형용사 / 부사 ~ para + 동사원형 demasiado/-a/-os/-as + 명사 ~ para + 동사원형

Ellos son demasiado mayores para estar en una guardería.	그 애들은 놀이방에 있기에는 너무 커요.
Hay demasiada gente para estar en una sola habitación.	한 방에 있기에는 사람이 너무 많아요.

3) ~하면 할수록 더 ~하다

cuanto más ~ tanto más ~

Cuanto más tiene, tanto más quiere. 더 많이 가지면 가질수록 더 갖고 싶어 한다.

Cuanto más, tanto mejor. 더 많을수록 더 좋다.

4) 가능한 한 ~하게 / 최대한 ~하게

lo más + 부사 + posible

Corrí lo más rápido posible. 나는 가능한 한 빨리 뛰었다.

Voy a ir lo más pronto posible. 가능한 한 빨리 갈게요.

연습문제 6

다음 문장을 완성해 보세요.

1. Yo soy tan rico/-a que ________________________.
2. Yo canto tan bien que ________________________.
3. Hay tanta gente en el concierto que ________________________.
4. Comí demasiado para ________________________.
5. Te quiero tanto que ________________________.
6. Soy demasiado joven para ________________________.
7. Cuanto más trabajas, tanto ________________________.
8. Cuanto más amigos tienes, tanto ________________________.

3. Mucho와 Muy

1) Mucho

① 형용사: 명사를 수식한다. 명사에 따라 mucho/-a/-os/-as 형태로 쓰인다.

Tengo muchos libros en mi despacho. 나의 사무실에는 책이 많다.
¡Muchas gracias! 대단히 감사합니다.

② 부사: 동사를 뒤에서 수식한다.

Luis trabaja mucho todo el día. 루이스는 하루 종일 열심히 일한다.
Bésame mucho. 나에게 키스를 많이 해줘.

③ 부사: 비교급 형용사나 부사를 강조할 때 쓰인다.

Me parece que este bolso es mucho mejor que aquel. 내가 볼 때에는 이 가방이 저것보다 훨씬 더 괜찮은 것 같아.
Juan corre mucho más rápido que Pablo. 후안은 빠블로보다 훨씬 빨리 뛴다.

④ 대명사

Tengo mucho que hacer. 나는 할 일이 매우 많다.
Muchos de sus amigos no saben que Juan y María son esposos. 그의 많은 친구들이 후안과 마리아가 부부라는 것을 모른다.

2) Muy

부사로만 사용된다.

① 형용사를 수식한다.

Hoy hace muy buen tiempo. 오늘은 날씨가 매우 좋다.

② 다른 부사를 수식한다.

Estoy muy bien. 나는 매우 잘 지내요.

María se encuentra muy mal porque está resfriada. 마리아는 감기에 걸려서 상태가 매우 좋지 않아요.

주의 muy는 동사를 수식할 수 없다.
Te quiero muy. × Te quiero mucho. ○

연습문제 7

다음 괄호 안에 mucho/-a/-os/-as 혹은 muy를 넣으세요.

1. Tengo __________ hambre.
2. Te quiero __________.
3. Me duele __________ el estómago.
4. Hace __________ buen tiempo.
5. Estoy __________ cansado.
6. El profesor habla __________ rápido.
7. Hablas __________ bien el español.
8. Este coche es __________ más caro que aquel.

연습문제 8 **Vamos a hablar**

Los deportes

운동과 관련된 다양한 표현을 익히고 다음과 같은 질문에 대답해 보세요.

1. ¿Te gusta practicar algún deporte? / ¿Qué deporte haces?
2. ¿Qué deporte practicaste por última vez?
3. ¿Te gusta más practicar deporte o simplemente ver partidos?
4. ¿Viste el partido de fútbol en el estadio o en televisión?
5. ¿Eres aficionado/-a de un equipo deportivo? / ¿Cuál es tu equipo favorito?

참고할 어휘

jugar al fútbol / tenis / tenis de mesa / béisbol / baloncesto / golf
hacer yoga
patinar sobre hielo / sobre ruedas
nadar
correr en un parque / en un gimnasio
caminar
montar a caballo
montar en bicicleta
esquiar
ver un partido de ________ en un estadio / en televisión

CULTURA

Los deportes en España e Hispanoamérica

Uno de los deportes más populares del mundo hispánico es el fútbol. Los hispanos desde muy pequeños, practican este deporte en cualquier espacio libre, durante sus recreos y ratos libres.

Cada país, cada ciudad, cada institución y cada escuela tienen un club de fútbol. Los fines de semana, los estadios y áreas deportivas están repletos de gente y aficionados que animan a sus clubes. En España el "Clásico" es uno de los partidos más esperados y es mundialmente conocido y admirado: el partido entre el Real Madrid C.F. y el FC Barcelona.

Varios países hispánicos(Uruguay, Argentina y España) han conseguido ganar el máximo trofeo en varias Copas Mundiales. El mundo hispánico también ha sido sede en muchas ocasiones de torneos internacionales.

Aparte del fútbol, hay también otros deportes que se practican en el mundo hispánico. Por ejemplo: el béisbol, el voleibol, el baloncesto y el boxeo, entre otros.

"Mente sana en cuerpo sano" es el lema que se usa para promover el deporte y juega un papel importante en la sociedad. Sus efectos positivos no solo influyen en la salud, sino también en el crecimiento económico y la identidad de cada país.

¿VERDADERO O FALSO?

Contesta:	V	F
1. En España el fútbol es un deporte muy popular.	☐	☐
2. "Mente sana en cuerpo sano" es el lema para comer y pensar mucho.	☐	☐
3. Uruguay, Argentina y España no ganaron ninguna Copa Mundial.	☐	☐
4. El "clásico" en España es un partido internacional.	☐	☐

Viaje al mundo hispano

레알 마드리드의 산티아고 베르나베우(Santiago Bernabéu) 경기장

FC 바르셀로나의 캄프누(Camp Nou) 경기장

스페인 축구 대표팀의 2010년 월드컵 우승 기념 행사

¿Adónde fuiste la semana pasada?

지난주에 어디 갔었니?

녹음을 듣고 빈칸을 채워 보세요.

En la universidad: Sumi le cuenta su viaje a Rafael

Sumi: ¿Qué tal Rafael?

Rafael: ¡Hola! ¿Qué tal? Pareces _______.

Sumi: Sí, mucho. La semana pasada __ __ ____ a Andalucía y lo pasé muy bien.

Rafael: ¿Ah, sí? ¿Adónde fuiste?

Sumi: El sábado de madrugada fui a Granada con Juan e Isabel. Fuimos a la playa, ___ ________ y tomamos el sol durante varias horas.

Rafael: ¿________ todo el día solo en la playa?

Sumi: ¡Claro que no! Por la tarde fuimos al pueblo de Federico García Lorca. Allí _________ su casa natal. ¡Es mi poeta favorito!

Rafael: ¿Y por la noche qué hicieron?

Sumi: Fuimos a Granada y ________ en un restaurante árabe.

Rafael: ¿Visitaron La Alhambra?

Sumi: ¡Claro! El domingo temprano ________ La Alhambra. Inmediatamente después, __________ a Madrid.

Rafael: ¡Vaya! Eso _ ___ un buen fin de semana.

Sumi: ¿Y tú adónde fuiste?

Rafael: No ____ nada en especial, pero la próxima semana voy a ir a Valencia.

Diálogo

En la universidad: Sumi le cuenta su viaje a Rafael

Sumi: ¿Qué tal Rafael?

Rafael: ¡Hola! ¿Qué tal? Pareces contenta.

Sumi: Sí, mucho. La semana pasada fui de viaje a Andalucía y lo pasé muy bien.

Rafael: ¿Ah, sí? ¿Adónde fuiste?

Sumi: El sábado de madrugada fui a Granada con Juan e Isabel. Fuimos a la playa, nos bañamos y tomamos el sol durante varias horas.

Rafael: ¿Pasaron todo el día solo en la playa?

Sumi: ¡Claro que no! Por la tarde fuimos al pueblo de Federico García Lorca. Allí visitamos su casa natal. ¡Es mi poeta favorito!

Rafael: ¿Y por la noche qué hicieron?

Sumi: Fuimos a Granada y cenamos en un restaurante árabe.

Rafael: ¿Visitaron La Alhambra?

Sumi: ¡Claro! El domingo temprano visitamos La Alhambra. Inmediatamente después, regresamos a Madrid.

Rafael: ¡Vaya! Eso sí fue un buen fin de semana.

Sumi: ¿Y tú adónde fuiste?

Rafael: No hice nada en especial, pero la próxima semana voy a ir a Valencia.

중남미 스페인어에서는 tú의 복수형 vosostros는 사용하지 않으며, tú와 usted의 경우 복수형은 모두 ustedes를 사용한다.

Vocabulario

pareces(parecer) ~인 것처럼 보이다
¡claro que no! 당연히 안 그렇지
inmediatamente 즉시
regresamos(regresar) 돌아오다
madrugada 새벽
casa natal 생가, 태어난 집
después ~ 후에
en especial 특별히

Expresiones útiles

1. ***parecer* + 형용사:** ~해 보이다.
Pareces contenta.

2. ¿adónde *ir* (단순과거형) + 주어?: 어디에 갔었니?
¿Adónde fuiste?

3. (주어) + *ser* mi(s) + 명사 + favorito/-a/-os/-as: 내가 좋아하는 ~예요.
Es mi poeta favorito.

Preguntas de comprensión

1. ¿Adónde fue de viaje Sumi?
2. ¿Viajó sola o fue con alguien más?
3. ¿Qué hizo el sábado por la mañana?
4. ¿Quién es Federico García Lorca?
5. ¿Qué hizo el domingo por la mañana?

그라나다 전경

그라나다의 알람브라 궁전

Gramática y actividades

1. 단순과거 불규칙 동사

1) 어간 불규칙 동사

	poder	hacer	decir
yo	**pud**e	**hic**e	**dij**e
tú	**pud**iste	**hic**iste	**dij**iste
usted / él / ella	**pud**o	**hiz**o	**dij**o
nosotros / vosotras	**pud**imos	**hic**imos	**dij**imos
vosotros / vosotras	**pud**isteis	**hic**isteis	**dij**isteis
ustedes / ellos / ellas	**pud**ieron	**hic**ieron	**dij**eron

andar – **anduv**e … estar – **estuv**e … poner – **pus**e … saber – **sup**e … tener – **tuv**e … haber – **hub**e …	venir – **vin**e … querer – **quis**e …	traer – **traj**e … producir – **produj**e … traducir – **traduj**e … conducir – **conduj**e …

A: ¿Por qué no viniste a la fiesta ayer? 너는 어제 왜 파티에 오지 않았니?
B: Porque tuve un accidente de tráfico. 교통사고가 났기 때문이에요.

A: ¿Dónde pusiste la llave? 열쇠 어디 두었니?
B: La puse encima de la mesa del comedor. 식당 탁자 위에 두었어요.

A: ¿Qué dijiste? 너는 뭐라고 말했니?
B: No dije nada. 나는 아무것도 말하지 않았어요.

연습문제 1

괄호 안의 동사를 단순과거형으로 바꾸어서 말해 보세요.

1. Ellos (conducir) ___________ ayer cinco horas sin descansar.
2. Yo (poder) ___________ llegar a tiempo.
3. Pareces cansada. ¿Qué (hacer, tú) ___________ anoche?
4. Anoche (haber) ___________ mucha gente en la plaza.
5. ¡Te (querer) ___________ tanto!
6. Anteayer el profesor no (venir) ___________ a la conferencia.
7. El verano pasado (nosotros, estar) ___________ una semana en Barcelona.
8. Anoche, yo (ponerse) ___________ un vestido elegante para ir a un concierto.

2) 완전 불규칙 동사

	ser / ir	ver	dar
yo	fui	vi	di
tú	fuiste	viste	diste
usted / él / ella	fue	vio	dio
nosotros / nosotras	fuimos	vimos	dimos
vosotros / vosotras	fuisteis	visteis	disteis
ustedes / ellos / ellas	fueron	vieron	dieron

A: ¿Fuiste a la biblioteca ayer? 너는 어제 도서관에 갔었니?
B: No. Fui a casa de Juan a estudiar. 공부하러 후안의 집에 갔어요.

A: ¿Quién fue tu profesor de español el año pasado? 작년에 누가 네 스페인어 선생님이었니?
B: Fue la profesora Torres. 토레스 선생님이었어요.

A: ¿Qué regalo te dieron en tu compañía la Navidad pasada? 회사에서 작년 크리스마스에 너한테 무슨 선물을 주었니?
B: Me dieron una botella de vino. 와인 한 병을 나에게 줬어.

연습문제 2

괄호 안의 동사를 단순과거형으로 바꾸어서 말해 보세요.

1. El sábado pasado (ir, yo) ___________ a ver un partido de béisbol.
2. Anoche (ver, yo) _________ a la señora Martínez.
3. El año pasado tú (ser) __________ el mejor jugador de nuestro equipo.
4. Anteayer le (yo, dar) __________ un consejo a un compañero.
5. Mi amigo y yo (dar) _____________ un paseo por el parque la semana pasada.
6. Los niños (ir) __________________ a la escuela.
7. ¿Qué película (ver) _________________ ustedes el pasado domingo?
8. El concierto de Luis Miguel (ser) _____________ en el Palacio de los Deportes.

3) 현재시제에서 어간 모음이 불규칙 변화하는 -ir 동사들은 단순과거 3인칭 단·복수에서 어간모음이 e → i, o → u로 변한다.

	pedir 요구하다	**dormir** 잠자다
yo	pedí	dormí
tú	pediste	dormiste
usted / él / ella	p**i**dió	d**u**rmió
nosotros / nosotras	pedimos	dormimos
vosotros / vosotras	pedisteis	dormisteis
ustedes / ellos / ellas	p**i**dieron	d**u**rmieron

morir 죽다
mentir 거짓말하다
sentir(se) 느끼다
servir 봉사하다, (음식을) 가져다주다
seguir 계속하다
divertirse 즐기다

A: ¿Qué pidieron anoche ustedes en el restaurante? 식당에서 어젯밤에 무엇을 주문했나요?

B: Juan pidió pollo asado con patatas y yo pedí pescado con verduras. 후안은 구운 닭과 감자를 주문했고, 저는 생선과 채소를 주문했어요.

A: ¿Durmieron ustedes bien anoche? 어젯밤에 잘 주무셨나요?

B: Carlos durmió bien, pero yo no dormí nada. 까를로스는 잘 잤지만, 저는 조금도 자지 못했어요.

연습문제 3

괄호 안의 동사를 단순과거형으로 바꾸어서 말해 보세요.

1. Mi padre (sentirse) __________ muy mal después del viaje.
2. Los niños (divertirse) ________________ mucho en la fiesta de Navidad.
3. Antonio (morir) __________ en un accidente de tráfico el año pasado.
4. Muchos estudiantes (dormir) _________________ durante la conferencia.
5. Ayer Juan (mentir) _____________________ a sus padres para salir con sus amigos.
6. Este libro no nos (servir) _______________ para nada.
7. Anoche los estudiantes (seguir) __________________ el camino.
8. Anteayer los turistas (pedir) __________________ paella.

연습문제 4

다음 질문에 주어진 표현을 이용하여 보기와 같이 답해 보세요.

보기 A: ¿Qué hiciste la semana pasada?
B: (ir de excursión)
→ Fui de excursión.

1. ¿Dónde estuvisteis ayer? (estar en un parque de atracciones)
2. ¿Qué hiciste anoche? (dar una fiesta)
3. ¿Adónde fueron ustedes el verano pasado? (ir de campamento)
4. ¿Cómo fue la película ayer? (ser muy aburrida)
5. ¿Por qué no viniste a clase ayer? (tener un accidente)
6. ¿Qué le dijiste a Juan? (no decirle nada)
7. ¿Qué te pusiste el domingo para ir al concierto? (ponerse un traje formal)
8. ¿Cómo viniste aquí la semana pasada? (venir en coche)

연습문제 5

¿Cuándo hiciste estas cosas por última vez?

다음 표현들을 보면서 가장 최근에 이 일을 한 것이 언제인지 친구와 서로 묻고 대답해 보세요.

> **보기** viajar al extranjero
> A: ¿Cuándo viajaste al extranjero por última vez?
> B: Yo viajé a Hong Kong hace dos meses.

1. viajar en avión
2. ir a bailar
3. tener un examen
4. ir a la playa
5. ver una película
6. ir a la montaña

연습문제 6 Vamos a hablar

다음과 같은 때에 여러분이 한 중요한 일을 말해 보세요.

> **보기** A: ¿Qué hiciste en Nochevieja?
> B: **En Nochevieja** salí con mis amigos para celebrar el Año Nuevo.

1. en el Día de los Padres
2. el primero de enero
3. en tu cumpleaños
4. en Navidad
5. en Nochebuena
6. el pasado fin de semana

연습문제 7

빈칸에 알맞은 동사의 과거형을 쓰세요.

Pablo Picasso ____________________ (nacer) en 1881, en Málaga. Su padre ______________ (ser) profesor de dibujo y conservador del museo de Málaga. En 1895, ______________ (mudarse) a Barcelona, donde ____________ (ingresar) en la Facultad de Bellas Artes. Cinco años más tarde, _______ (ir) por primera vez a París, donde __________ (organizar) una exposición. Picasso ____________ (vivir) en Francia durante muchos años, pero siempre __________ (mantenerse) en contacto con España. En 1937, __________ (pintar) el "Guernica", su obra más importante. En 1973, ________ (morir) en su casa en Notre-Dame-de-Vie (Francia).

피카소(Picasso)의 게르니카(Guernica)

연습문제 8

다음 역사적 사건을 문장으로 써 보세요.

> **보기** colapso de la Unión Soviética / en 1991 (colapsar)
> → La Unión Soviética colapsó en 1991.

1. caída del Muro de Berlín / en 1989 (caer)
2. fin de la segunda Guerra Mundial / en 1945 (terminar)
3. descubrimiento de la luz eléctrica / a finales del siglo XIX (descubrir)
4. llegada del hombre a la luna / el 21 de julio de 1969 (llegar)
5. hundimiento del Titanic / en abril de 1912 (hundirse)
6. construcción de la Torre Eiffel / en 1889 (construir)

2. 단순과거와 현재완료시제의 용법 비교

일반적으로 현재완료는 현재를 포함하는 시간부사와 함께 쓰여 현재와 관련이 있는 기간 동안에 일어난 동작을 나타내는 반면, 단순과거는 분명한 과거의 시점을 가리키는 부사구와 함께 사용되어 과거의 한 시점에서 완전히 끝난 동작을 나타낸다.

hoy 오늘 / **esta mañana** 오늘 아침 / **esta semana** 이번 주 / **este mes** 이번 달 / **este siglo** 금세기 / **hace un rato** 조금 전에	+ 현재완료
ayer 어제 / **el otro día** 예전 / **la semana pasada** 지난주 / **el año pasado** 작년 / **hace unos meses** 몇 달 전에	+ 단순과거

Ayer fuimos al cine,
pero hoy hemos ido al teatro.

우리는 어제 영화관에 갔었지만,
오늘은 연극 공연장에 갔어요.

La semana pasada llovió mucho,
pero esta semana no ha llovido nada.

지난주는 비가 많이 왔지만,
이번 주는 전혀 비가 안 왔어요.

주의 중남미 스페인어에서는, 현재를 포함하는 부사가 오더라도 동작이 완료된 상황을 지칭하면 단순과거를 사용하는 경향이 있다.
예) Hoy llegué tarde. 나는 오늘 늦게 도착했다.
Este año llovió mucho en Lima. 금년에 리마에 눈이 많이 내렸다.

연습문제 9

다음 편지를 보고 빈칸에 단순과거나 완료형 중 적당한 동사형을 넣어 보세요.

보기

Querida Ana:

¿Qué tal estás?

Como ves, te escribo desde Barcelona.

__________ (venir) el viernes por la tarde a pasar el fin de semana. __________ (salir) de París en un vuelo directo a Barcelona y __________ (llegar) al aeropuerto a las 7 de la tarde. Desde el aeropuerto __________ (venir) en autobús hasta el centro y __________ (tardar) más o menos una hora. __________ (alojarse) en un hotel cerca de Las Ramblas. Por la noche __________ (salir) a cenar con unos amigos y luego __________ (tomar) unas copas. Ayer por la mañana __________ (visitar) la Sagrada Familia y me __________ (gustar) muchísimo. Por la tarde __________ (ir) a Las Ramblas y __________ (conocer) a unos chicos muy simpáticos. Hoy __________ (ir) al Museo Picasso y luego __________ (dar) un paseo por el Barrio Gótico. Barcelona es increíble y preciosa. __________ (divertirse) muchísimo.

¡Hasta pronto!

Un abrazo y un beso.

Claudia

성가족 성당(Templo de la Sagrada Familia)

카사 밀라(casa Milà)

연습문제 10 **Redacción libre**

위의 편지를 참고하여 여행 중에 친구에게 보내는 엽서를 써 보세요.

3. Hacer 동사를 활용한 경과 시간 표현

1) 계속적 용법: '~전부터 ~하고 있다' 또는 '~한 지 ~되었다'는 의미를 갖는다.

hace + 기간 + que + 현재
현재 + desde hace + 시간

A: ¿Cuánto tiempo hace que vives en España?	스페인에 산 지 얼마나 되었니?
B: Hace cinco meses que vivo en España.	스페인에 산 지 5개월 되었어.

A: ¿Cuánto tiempo hace que estudias español?	스페인어 공부한 지 얼마나 되었어요?
B: Hace seis meses que estudio español.	6개월 되었어요.
Estudio español desde hace seis meses.	6개월 전부터 공부하고 있어요.

2) 완료적 용법: '~전에 ~했다' 또는 '~한 지 ~되었다'는 의미를 갖는다.

hace + 시간 + que + 단순과거
단순과거 + hace + 시간

A: ¿Cuánto tiempo hace que te casaste?	결혼한 지 얼마나 되었지?
B: Hace 20 años que me casé.	20년 되었어요.
Me casé hace 20 años.	20년 전에 결혼했어요.

A: ¿Cuánto tiempo hace que viniste a Corea?	한국에 온 지 얼마나 되었지?
B: Hace casi diez años que vine a Corea.	한국에 온 지 거의 10년 되었어요.
Vine a Corea hace casi diez años.	거의 10년 전에 왔어요.

연습문제 11

보기와 같이 질문을 하고 답해 보세요.

> **보기** leer *El Quijote*
> → A: ¿Cuánto tiempo hace que leíste *El Quijote*?
> B: Hace un año que lo leí. / Lo Leí hace un año.

1. graduarte de la escuela primaria
2. entrar en la universidad
3. casarse tus padres
4. conocer a tu mejor amigo/-a
5. vivir en tu casa
6. llevar gafas

La conquista de América

CULTURA

Se conoce como "conquistadores" a los exploradores y guerreros españoles que conquistaron gran parte de América durante el siglo XVI. Esta etapa, que se conoce como la Época de la Conquista, no superó los cien años. La conquista fue abolida oficialmente en 1573 y el término fue sustituido por el de "pacificación". Los primeros conquistadores son los más famosos y, de entre ellos, hay que destacar a: Juan Ponce de León, Vasco Núñez de Balboa, Francisco Pizarro, Hernán Cortés y Álvar Núñez Cabeza de Vaca.

Sin embargo, la conquista se inició con la llegada a América de Cristóbal Colón (1451-1506). Este navegante tenía como proyecto abrir una ruta naval hacia Asia por el oeste por motivaciones económicas. Desde el siglo XIV, el comercio europeo con Extremo Oriente (China y Japón) era muy rentable (especias y productos de lujo). Hasta esa época, ese comercio se realizaba por tierra a través de Oriente Medio y estaba controlado por los árabes. En el año 1492, tras la conquista de Granada, la reina Isabel I de Castilla financió una pequeña flota de tres barcos (*Pinta, Niña y Santa María*). Con esos barcos y la ayuda de los hermanos Pinzón y unos 80 hombres, Colón llegó a las islas del Caribe el 12 de octubre de ese año.

¿VERDADERO O FALSO?

Contesta:	V	F
1. Cristóbal Colón quería ir a América por interés económico.	☐	☐
2. Cristóbal Colón llegó a Sudamérica con tres barcos.	☐	☐
3. Los españoles conquistaron gran parte de América en casi un siglo.	☐	☐
4. El siglo XVI fue el más importante en la Época de la Conquista.	☐	☐

Viaje al mundo hispano

바르셀로나(Barcelona)의 콜럼버스 동상

세비야(Sevilla) 성당 내부의 콜럼버스 무덤

뜨루히요(Trujillo)의 피사로 동상

Lección 6

¿Dónde vivías cuando eras pequeño?

어렸을 때 어디서 살았니?

녹음을 듣고 빈칸을 채워 보세요.

En la universidad: los recuerdos de infancia

Ernesto: ¿Tienes familia en Toledo?

Carmen: Sí, ¿no __ _____? Soy toledana y __ ____ vivía allí. ¿Dónde vivías tú cuando ____ _______?

Ernesto: Yo vivía en el centro de Madrid. Mi casa _____ cerca del Parque del Retiro.

Carmen: ¿Sí? Y ¿cómo eras de niño? ¿Qué _____?

Ernesto: No me acuerdo mucho, pero creo que ___ muy alegre. ___ _______ mucho jugar y pasaba los fines de semana _______ ___ mis amigos en el parque y montando en bicicleta. ¿Y tú cómo eras?

Carmen: Yo era muy _____ y ________. Pasaba mucho tiempo en casa con mi madre: ___ la televisión, _____ con mis muñecas y ___ muchos cuentos de hadas.

Ernesto: ¡Ahora comprendo por qué te gusta la lectura! ¿______ algún deporte?

Carmen: No mucho, solo _______ a la comba mientras mi madre contaba hasta cien. ¿Y tú?

Ernesto: Mi padre _________ deportes acuáticos y durante las vacaciones ____ llevarme al mar para nadar y pescar.

Carmen: ¡Qué bien recuerdas tu infancia!

Ernesto: ¡Es verdad! Ahora creo que los ________ de la infancia son _________.

Diálogo

En la universidad: los recuerdos de infancia

Ernesto:	¿Tienes familia en Toledo?
Carmen:	Sí, ¿no lo sabías? Soy toledana y de niña vivía allí. ¿Dónde vivías tú cuando eras pequeño?
Ernesto:	Yo vivía en el centro de Madrid. Mi casa estaba cerca del Parque del Retiro.
Carmen:	¿Sí? Y ¿cómo eras de niño? ¿Qué hacías?
Ernesto:	No me acuerdo mucho, pero creo que era muy alegre. Me gustaba mucho jugar y pasaba los fines de semana jugando con mis amigos en el parque y montando en bicicleta. ¿Y tú cómo eras?
Carmen:	Yo era muy tímida y tranquila. Pasaba mucho tiempo en casa con mi madre: veía la televisión, jugaba con mis muñecas y leía muchos cuentos de hadas.
Ernesto:	¡Ahora comprendo por qué te gusta la lectura! ¿Hacías algún deporte?
Carmen:	No mucho, solo saltaba a la comba mientras mi madre contaba hasta cien. ¿Y tú?
Ernesto:	Mi padre practicaba deportes acuáticos y durante las vacaciones solía llevarme al mar para nadar y pescar.
Carmen:	¡Qué bien recuerdas tu infancia!
Ernesto:	¡Es verdad! Ahora creo que los recuerdos de la infancia son inolvidables.

Vocabulario

cuentos de hadas 요정 이야기
acuático/-a 수중의, 물과 관련된
infancia 유년기
inolvidable 잊을 수 없는
saltaba a la comba(saltar a la comba) 줄넘기를 하다
recuerdo 기억

Expresiones útiles

1. ¿dónde + 불완료과거 + (주어) + cuando ~?: ~였을 때에 어디에서 ~하곤 했니?

¿Dónde vivías tú cuando eras pequeño?

2. ¿qué + 불완료과거 + (주어)?: 무엇을 하곤 했니?

¿Qué hacías?

3. (주어) + 불완료과거 mientras + (주어) + 불완료과거: ~가 ~하는 동안 ~는 ~하곤 했어.

Saltaba a la comba mientras mi madre contaba hasta cien.

Preguntas de comprensión

1. ¿De qué ciudad es Carmen? ¿Y cuál es la ciudad natal de Ernesto?
2. ¿Qué le gustaba hacer a Ernesto de pequeño?
3. ¿Qué aficiones tenía Carmen de niña?
4. ¿Con quién y en dónde pasaba Ernesto sus vacaciones en verano?
5. ¿Cómo pasaba Ernesto las vacaciones de verano en su infancia?

똘레도(Toledo) 대성당

Gramática y actividades

1. 불완료과거

과거의 반복적 행위, 습관, 지속적 행위나 상태를 강조하고자 할 때에는 불완료과거 형태를 사용한다.

1) 형태

① 규칙 동사

	hablar	**comer**	**vivir**
yo	habl**aba**	com**ía**	viv**ía**
tú	habl**abas**	com**ías**	viv**ías**
usted / él / ella	habl**aba**	com**ía**	viv**ía**
nosotros / nosotras	habl**ábamos**	com**íamos**	viv**íamos**
vosotros / vosotras	habl**abais**	com**íais**	viv**íais**
ustedes / ellos / ellas	habl**aban**	com**ían**	viv**ían**

② 불규칙 동사

	ser	**ir**	**ver**
yo	era	iba	ve**ía**
tú	eras	ibas	ve**ías**
usted / él / ella	era	iba	ve**ía**
nosotros / nosotras	éramos	íbamos	ve**íamos**
vosotros / vosotras	erais	ibais	ve**íais**
ustedes / ellos / ellas	eran	iban	ve**ían**

2) 용법

① 과거에서 진행 중인 행위를 표현한다. '~하고 있었다'의 의미를 가진다.

A: ¿Qué hacían los niños? — 아이들이 무엇을 하고 있었나요?
B: Los niños jugaban al fútbol en la calle. — 아이들이 거리에서 축구를 하고 있었습니다.

Pedro leía el periódico cuando Juan entró en casa. — 후안이 집에 들어올 때, 뻬드로는 신문을 읽고 있었다.

② 특정한 시간부사와 함께 과거의 습관이나 반복적인 행위를 표현한다. '~하곤 했다'의 의미를 가진다.

todos los días 매일 / **todos los domingos** 매주 일요일 / **siempre** 항상 / **en aquellos días** 당시에 / **de niño** 어렸을 때 / **de joven** 젊었을 때 / **de pequeño** 어렸을 때 / **de estudiante** 학생이었을 때	+ 불완료과거

Yo iba al cine todos los domingos. — 나는 일요일마다 영화관에 가곤 했다.
Mi hermana mayor siempre se levantaba a las cinco de la mañana. — 우리 누나는 항상 아침 5시에 일어나곤 했다.
Mi alumno Juan siempre llegaba temprano, pero ese día llegó tarde. — 내 학생인 후안은 항상 일찍 오곤 했는데, 그날은 늦게 왔다.

③ 과거의 사실이나 장면의 묘사 및 심리적, 신체적 상태를 표현한다. '~상태였다'의 의미로 쓰인다.

Juan estaba enfermo y, por eso, no vino a trabajar. — 후안은 아파서 일하러 못 왔다.
Yo tenía dieciocho años, cuando entré en la universidad. — 대학에 입학할 당시 나는 18세였다.
Había mucha gente en el mercado. — 시장에는 많은 사람이 있었다.

④ 의도했으나 결국 하지 못했던 것을 표현한다.

iba + a + 동사원형

Iba a llamarte, pero no pude. 너에게 전화하려고 했지만, 못했어.
¿Qué iba a decir? 내가 뭐라 말하려고 했더라?

연습문제 1
괄호 속에 주어진 동사의 적절한 불완료과거 형태를 넣으세요.

1. Antes _______ (venir, vosotros) a vernos a menudo.
2. Cuando yo _______ (ser) pequeño, no _______ (llorar, yo) mucho.
3. Mi hermano y yo siempre _______ (ir) al colegio juntos.
4. En los años sesenta las minifaldas _______ (estar) de moda.
5. Todos los días _______ (tomar, yo) el metro para ir a la oficina.
6. En los primeros años, _______ (trabajar, yo) hasta muy tarde.
7. Ellos _______ (ver) a sus tíos cuando _______ (estar) de vacaciones.
8. Yo _______ (ir) a decirte la verdad, pero no _______ (querer) molestarte.

연습문제 2 **Vamos a hablar**
Recuerdos de mi niñez y de mi escuela secundaria
여러분의 지난 시절에 대하여 이야기해 보세요.

1. ¿Cómo eras de pequeño/-a?
2. ¿Cuántos erais en tu familia?
3. ¿Qué hacías con tus amigos?
4. ¿Qué hacías después de la escuela?
5. ¿Qué hacías durante las vacaciones?
6. ¿Cómo eras en la escuela secundaria?

참고할 어휘

activo/-a, ambicioso/-a, educado/-a, estudioso/-a, extravertido/-a, obediente, talentoso/-a, sobresaliente

hiperactivo/-a, introvertido/-a, orgulloso/-a, rebelde, terco/-a, travieso/-a, vago/-a, desobediente

2. 단순과거와 불완료과거의 비교

과거의 한 시점을 기준으로, 단순과거는 이미 끝난 동작이나 상태를 나타내는 반면에, 불완료과거는 지속되거나 진행되는 동작이나 상태를 나타낸다.

Eran las cinco de la mañana, cuando me desperté.	내가 잠에서 깨었을 때 아침 5시였다.
Cuando yo estaba en la habitación, Pedro apagó la luz.	내가 방에 있을 때 빼드로가 불을 껐다.

연습문제 3

괄호 안에 적절한 동사의 과거형을 찾아 써 보세요.

1. Mientras Juan ________ (ir) a la oficina, ________ (tener) un accidente.
2. Cuando yo ________ (despertarse), ________ (ser) las doce.
3. Cuando yo ________ (volver) a casa, mi padre ________ (ver) televisión.
4. Mientras yo ________ (ir) al banco, ________ (encontrarse) con un amigo.
5. Mientras yo ________ (ir) a la escuela, ________ (perder) mi billetero.
6. Mientras mamá ________ (preparar) la cena, yo la ________ (llamar).

연습문제 4

보기와 같이 대답해 보세요.

> **보기** A: ¿Qué hacías cuando llegué?
> B: (leer un libro)
> → Cuando llegaste, leía un libro.

1. ¿Qué hacían los niños cuando llamé? (ver televisión)
2. ¿Qué hacía Luis cuando empezó a llover? (lavar su coche)
3. ¿Qué estabas haciendo cuando te encontré? (perder el tiempo)
4. ¿Qué estaban haciendo ustedes cuando llegó su papá? (no hacer nada)
5. ¿Qué hicieron mientras esperaban a Juan? (tomar un jugo)
6. ¿Qué hiciste mientras arreglábamos el coche? (limpiar mi casa)

3. 과거진행형

'~하고 있었다'를 뜻하며, 과거의 한 시점에서 동작의 진행을 나타낸다.

<table>
<tr><td>Yo</td><td>estaba</td><td rowspan="6">hablando por teléfono.
전화 통화하고 있었어요.
haciendo ejercicio.
운동을 하고 있었어요.
durmiendo en el sofá.
소파에서 자고 있었어요.</td></tr>
<tr><td>Tú</td><td>estabas</td></tr>
<tr><td>Usted / Él / Ella</td><td>estaba</td></tr>
<tr><td>Nosotros / Nosotras</td><td>estábamos</td></tr>
<tr><td>Vosotros / Vosotras</td><td>estabais</td></tr>
<tr><td>Ustedes / Ellos / Ellas</td><td>estaban</td></tr>
</table>

A: ¿Qué estabas haciendo cuando te llamé? 전화했을 때 너 뭐 하고 있었니?

B: Estaba durmiendo en mi habitación. 제 방에서 자고 있었어요.
Estaba duchándome. 샤워하고 있었어요.

연습문제 5

¿Qué estabas haciendo en tu casa?

보기 hacer la cama
→ Estaba haciendo la cama.

1. limpiar mi habitación / mi casa
2. planchar una camisa
3. preparar la comida
4. lavar platos
5. sacar la basura
6. dar de comer al perro / al gato
7. sacar al perro a pasear
8. lavar la ropa

4. 과거완료

「haber의 불완료과거 + 과거분사」의 형태를 가지며 어떤 사건이나 행위, 동작이 과거의 한 시점을 기준으로 그 이전에 완료되었음을 나타낸다.

<table>
<tr><td>Yo</td><td>había</td><td rowspan="6">llegado al aeropuerto.
공항에 도착했다.
comido toda la comida.
음식 전부를 먹었다.
salido de la casa.
집에서 나왔다.</td></tr>
<tr><td>Tú</td><td>habías</td></tr>
<tr><td>Usted / Él / Ella</td><td>había</td></tr>
<tr><td>Nosotros / Nosotras</td><td>habíamos</td></tr>
<tr><td>Vosotros / Vosotras</td><td>habíais</td></tr>
<tr><td>Ustedes / Ellos / Ellas</td><td>habían</td></tr>
</table>

A: ¿A qué hora salió el tren ayer? 어제 기차가 몇 시에 떠났니?
B: No sé. Cuando llegué a la estación, el tren ya había salido. 잘 모르겠어. 역에 내가 도착했을 때, 기차는 이미 떠났거든.

A: ¿Leíste el libro que te había recomendado? 내가 너에게 추천한 책을 읽었니?

B: Sí, lo leí. 네, 읽었어요.

연습문제 6

괄호 안에 적당한 동사형을 써 보세요.

1. Mis padres ya ________________ (cenar) cuando llegué a casa.
2. La película ya ________________ (empezar) cuando entré en el cine.
3. Él me dijo que ya ________________ (comprar) los billetes de avión.
4. No me gustó el libro que me ________________ (tú, recomendar).
5. Cuando fui a ver al doctor, ya ________________ (irse) a casa.
6. El banco ya ______________ (cerrarse), cuando fuimos a abrir una cuenta.
7. El ladrón ya ______________ (escaparse), cuando llegó la Policía.
8. Ya ______________ (esperar) más de una hora, cuando vino el autobús.

5. 간접화법

다른 사람의 말을 간접적으로 다시 옮겨서 말하는 것을 간접화법이라고 한다. 간접화법으로 말할 때에는 다른 사람이 말한 내용에 대한 주어 및 시제를 주절 동사에 맞추어 바꿔 말해야 한다.

1) 직접화법의 동사가 현재시제일 경우 간접화법에서는 불완료과거를 쓴다.

Juan me dijo: "Te quiero mucho". 후안이 나에게 말했다: "너를 많이 사랑해".

→ Juan me dijo que me quería mucho. 후안은 나에게 나를 많이 사랑한다고 말했다.

Los niños nos dijeron: "Tenemos frío". 아이들이 우리에게 말했다: "추워요".

→ Los niños nos dijeron que tenían frío. 아이들은 우리에게 춥다고 말했다.

2) 직접화법의 동사가 과거나 현재완료시제인 경우 간접화법에서는 과거완료시제 쓴다.

Los turistas coreanos me dijeron: "Hoy hemos visitado el Museo del Prado".
→ Los turistas coreanos me dijeron que aquel día habían visitado el Museo del Prado.

한국 관광객들이 나에게 말했다: "오늘 우리는 프라도 미술관을 방문했어요".
한국 관광객들은 나에게 그날 프라도 미술관을 방문했다고 말했다.

Juan dijo: "Fui a Bolivia en 1989".
→ Juan dijo que había ido a Bolivia en 1989.

후안이 말했다: "나는 1989년에 볼리비아에 갔어".
후안은 1989년에 볼리비아에 갔었다고 말했다.

3) 직접화법에 의문사가 있는 경우에 간접화법에서는 종속절에 '의문사 + 동사 + 주어'의 어순을 사용한다.

Le pregunté a Isabel:
"¿Qué películas prefieres?"
→ Le pregunté a Isabel (que) qué películas prefería.

나는 이사벨에게 물었다:
"너는 어떤 영화를 선호하니?"
나는 이사벨에게 어떤 영화를 선호하느냐고 물었다.

Lección 6

4) 직접화법이 의문사가 없는 질문인 경우에 간접화법에서는 'si'(~인지 아닌지)를 사용하여 의문문을 바꾼다.

Un señor me preguntó:
"¿Hablas español?"
→ Un señor me preguntó (que) si hablaba español.

어떤 사람이 나에게 물었다:
"너는 스페인어를 할 줄 아니?"
어떤 사람이 나에게 스페인어를 할 줄 아는지 물었다.

주의 종속절이 의문문인 간접화법에서, 종속절을 이끄는 접속사 'que'의 사용은 선택적이다.

연습문제 7

간접화법을 이용하여 다음 문장들을 예문과 같이 바꾸어 쓰세요.

보기 Tenemos sueño.
→ Dijeron que tenían sueño.

1. No puedo ir. → Dijo que ______________.
2. No podemos salir hoy. → Dijeron que ______________.
3. Estamos cansados. → Dijeron que ______________.
4. No nos gusta caminar. → Dijeron que ______________.
5. No sé conducir. → Dijo que ______________.
6. ¿Puedes venir a mi casa? → Me preguntó ______________.
7. ¿Adónde fuisteis vosotras? → Nos preguntó ______________.
8. ¿En qué año nació su primer hijo? → Nos preguntó ______________.

연습문제 8

¿Qué dijeron en las noticias / en el periódico?
다음 뉴스 기사의 제목을 보고 뉴스의 내용을 친구에게 전달해 보세요.

보기 Ha ocurrido un terremoto en Turquía.
→ En las noticias / en el periódico dijeron que había ocurrido un terremoto en Turquía.

1. Corea venció a Japón por tres a cero en la Copa Mundial.
2. El parlamento de Cataluña prohíbe la corrida de toros.
3. El huracán pasa por Florida.
4. Irán atacó a la Unión Europea en la ONU.
5. Estalló la guerra de Irak.
6. Hay crisis económica en todo el mundo.

Los premios Nobel

Los países del mundo hispanohablante han ganado veintitrés premios Nobel desde su primera entrega en 1901. El primero fue en 1904 y el último fue en 2010. Aunque es conocido que la gran mayoría de los premios corresponde a las áreas de la Literatura y de la Paz, también el mundo hispanohablante ha sido merecedor de premios en otras áreas científicas como la química y la medicina.

	TOTAL	Argentina	Colombia	Costa Rica	Chile	España	Guatemala	México	Perú	Venezuela
Medicina	**5**	2				2				1
Química	**2**	1						1		
Paz	**5**	2		1			1	1		
Literatura	**11**		1		2	5	1	1	1	
TOTAL	**23**	**5**	**1**	**1**	**2**	**7**	**2**	**3**	**1**	**1**

En el cuadro se puede observar la nacionalidad de los ganadores de este gran premio. Sin duda, se ha reconocido ampliamente la literatura en español, considerando los tres géneros principales: teatro (2), narrativa (4) y poesía (5). Las novelas de Gabriel García Márquez junto con las de Camilo José Cela y Mario Vargas Llosa se han traducido a decenas de idiomas, al igual que la poesía de Juan Ramón Jiménez, Octavio Paz y Pablo Neruda.

La Fundación Nobel en Estocolmo (Suecia) seguirá cumpliendo, año tras año, la voluntad que Alfred Bernhard Nobel dejó manifiesta en su testamento de recompensar a quienes hayan realizado trabajos e investigaciones sobresalientes y en favor de la humanidad.

¿VERDADERO O FALSO?

Contesta:

	V	F
1. Los premios Nobel se otorgan a actores y actrices.	☐	☐
2. Los países de habla hispana han ganado solamente once premios.	☐	☐
3. La Fundación Nobel es una institución de ayuda humanitaria	☐	☐

Viaje al mundo hispano

가브리엘 가르시아 마르께스
(Gabriel García Márquez)

노벨상 수상 작가의 작품들

까밀로 호세 셀라(camilo José cela)

¿Qué harán ustedes mañana?

내일 여러분은 뭐 할 거예요?

녹음을 듣고 빈칸을 채워 보세요.

En la universidad: los chicos hablan de sus planes de futuro

Josefa: ¡Hola, chicos! ¿Qué hacen por acá?

Mario: _______ ________ de las vacaciones.

Isabel: ¡Por fin! Mañana empiezan nuestras _________ __ ______.

Mario: ¿Qué vas a hacer estas vacaciones?

Josefa: __ en avión a Cancún y ______ ___ un fin de semana fantástico. ___ ______ en un hotel muy bonito frente al mar y, por la noche, beberé y ______ en alguna discoteca.

Mario: ¿Bailas bien?

Josefa: Soy ecuatoriana y nací bailando...

Isabel: En mi caso, yo __ ______ tener vacaciones. Como voy a graduarme este año, tengo que prepararme para las entrevistas de trabajo. Mi plan es _________ un buen trabajo en una empresa importante.

Mario: Pues, yo ________ hasta las _________ vacaciones. Como me licenciaré el próximo año, inmediatamente _______ __ graduarme, ______ ___ Europa durante dos meses. Luego, ______ a la universidad para estudiar un máster.

Josefa: Para mí, estas _____ mis últimas vacaciones de soltera, así que debo aprovecharlas antes de volver a Ecuador.

Isabel: ¡Qué bien! ¡Qué ______ idea!

Diálogo

En la universidad: los chicos hablan de sus planes de futuro

Josefa:	¡Hola, chicos! ¿Qué hacen por acá?
Mario:	Estamos hablando de las vacaciones.
Isabel:	¡Por fin! Mañana empiezan nuestras vacaciones de verano.
Mario:	¿Qué vas a hacer estas vacaciones?
Josefa:	Iré en avión a Cancún y pasaré allá un fin de semana fantástico. Me alojaré en un hotel muy bonito frente al mar y, por la noche, beberé y bailaré en alguna discoteca.
Mario:	¿Bailas bien?
Josefa:	Soy ecuatoriana y nací bailando...
Isabel:	En mi caso, yo no podré tener vacaciones. Como voy a graduarme este año, tengo que prepararme para las entrevistas de trabajo. Mi plan es encontrar un buen trabajo en una empresa importante.
Mario:	Pues, yo esperaré hasta las próximas vacaciones. Como me licenciaré el próximo año, inmediatamente después de graduarme, viajaré por Europa durante dos meses. Luego, volveré a la universidad para estudiar un máster.
Josefa:	Para mí, estas serán mis últimas vacaciones de soltera, así que debo aprovecharlas antes de volver a Ecuador.
Isabel:	¡Qué bien! ¡Qué buena idea!

중남미 스페인어에서는 tú의 복수형 vosotros를 사용하지 않으며, tú와 usted의 경우 모두 복수형은 ustedes를 사용한다.

Vocabulario

fantástico 환상적인
mar 바다
¡por fin! 드디어
empresa 회사
máster 석사학위
aprovechar 이용하다
me alojaré(alojarse) 숙박하다
ecuatoriana 에콰도르 여자
graduarme(graduarse) 졸업하다
me licenciaré(licenciarse) 졸업하다, 학사·석사 학위를 받다

Expresiones útiles

1. ¿qué + 동사(미래형) + (주어) + 시간?: ~에 무엇을 ~할 거예요?
¿Qué harán mañana?

2. después de + 동사원형, (주어) + 동사(미래형): ~한 후에 ~할 거예요.
Después de graduarme, viajaré por Europa.

3. deber + 동사원형 + antes de + 동사원형: ~하기 전에 ~해야 해요.
Debo aprovecharlas antes de volver a Ecuador.

Preguntas de comprensión

1. ¿De qué hablan los chicos?
2. ¿Qué hará Mario en su primer día de vacaciones?
3. ¿Cuál es el plan de Josefa para sus vacaciones de verano?
4. ¿Tendrá vacaciones Isabel? ¿Qué hará durante el verano?
5. ¿Trabajará Mario después de licenciarse?

에콰도르(Ecuador) 끼또(Quito) 거리 모습

Gramática y actividades

1. 미래

현재에서 바라본 미래를 표현하기 위해 주로 사용된다.

1) 형태

① 규칙 동사

동사원형 전체를 어간으로 하여 여기에 미래형 어미를 붙여서 만든다. -ar, -er, -ir 형 모두 동일한 방법으로 만든다.

	hablar	**comer**	**vivir**
yo	hablar**é**	comer**é**	vivir**é**
tú	hablar**ás**	comer**ás**	vivir**ás**
usted / él / ella	hablar**á**	comer**á**	vivir**á**
nosotros / nosotras	hablar**emos**	comer**emos**	vivir**emos**
vosotros / vosotras	hablar**éis**	comer**éis**	vivir**éis**
ustedes / ellos / ellas	hablar**án**	comer**án**	vivir**án**

② 불규칙 동사

동사원형을 어간으로 사용하지 않고, 미래형을 위하여 불규칙한 어간을 사용하는 동사도 있다.

• 어간모음 -e-가 탈락되는 동사

caber	cabr**é**, cabr**ás**, cabr**á**, cabr**emos**, cabr**éis**, cabr**án**
haber	habr**é**, habr**ás**, habr**á**, habr**emos**, habr**éis**, habr**án**
poder	podr**é**, podr**ás**, podr**á**, podr**emos**, podr**éis**, podr**án**
querer	querr**é**, querr**ás**, querr**á**, querr**emos**, querr**éis**, querr**án**
saber	sabr**é**, sabr**ás**, sabr**á**, sabr**emos**, sabr**éis**, sabr**án**

• 어간모음 -e-나 -i-가 탈락되면서 자음 -d-가 첨가되는 동사

poner	pondr**é**, pondr**ás**, pondr**á**, pondr**emos**, pondr**éis**, pondr**án**
salir	saldr**é**, saldr**ás**, saldr**á**, saldr**emos**, saldr**éis**, saldr**án**
tener	tendr**é**, tendr**ás**, tendr**á**, tendr**emos**, tendr**éis**, tendr**án**
venir	vendr**é**, vendr**ás**, vendr**á**, vendr**emos**, vendr**éis**, vendr**án**

• 기타 유형 불규칙 동사

decir	dir**é**, dir**ás**, dir**á**, dir**emos**, dir**éis**, dir**án**
hacer	har**é**, har**ás**, har**á**, har**emos**, har**éis**, har**án**

연습문제 1

괄호 안에 알맞은 미래형 동사를 써 보세요.

1. ¿Cuándo (estar) ___________ listo el coche?
2. Yo (viajar) ___________ a Europa y (hacer) ___________ muchos amigos.
3. El año próximo Juan (graduarse) ___________ e (ir) ___________ a los Estados Unidos.
4. ¿A qué hora (llegar) ___________ vosotros al aeropuerto?
5. Usted (jubilarse) ___________ en diez años.
6. El año que viene mi abuela (cumplir)___________ noventa años.
7. Nosotros (reunirse)___________ en nuestra universidad en el año 2050.
8. Nosotros (mudarse)___________ y (vivir) ___________ en una isla tropical.

연습문제 2

괄호 안에 알맞은 미래형 동사를 써 보세요.

1. ¿Más tarde (usted, tener) ________________ tiempo para hablar?
2. ¿Qué (tú, ponerse) ___________ para la fiesta de mañana?
3. El refrigerador nuevo no (caber) _____________ en la cocina.
4. ¿(tú, poder) ___________ venir a mi casa la semana que viene?
5. ¿Qué (ustedes, hacer) ___________ el domingo?
6. (haber) ______________ mucha gente en el concierto de esta noche.
7. ¿A qué hora (venir) ___________ Antonio a casa?
8. ¿Qué nos (decir) _____________ nuestros abuelos?

2) 용법

① 현재에서 바라본 미래의 행위나 상태를 표현한다.

A: ¿Irás al concierto la próxima semana? 다음 주에 콘서트에 갈 거니?
B: Sí, iré con mis amigos. 응, 내 친구들과 함께 갈 거야.

A: ¿A qué hora terminará la clase? 몇 시에 수업이 끝날 예정입니까?
B: Terminará a las cuatro de la tarde. 오후 4시에 끝날 예정입니다.

❖ 미래를 나타내기 위하여 미래형 이외에 「ir a + 동사원형」, 또는 현재형을 쓰기도 한다.

Mañana salgo hacia la Ciudad de México. 나는 내일 멕시코시티로 떠날 것이다.
= Mañana voy a salir hacia la Ciudad de México.
= Mañana saldré hacia la Ciudad de México.

② 현재나 미래에 대한 추측이나 가능성을 표현한다.

A: ¿Qué hora es? 몇 시니?
B: No sé. Serán las diez y media. 모르겠는데. 10시 반쯤 되었을 거야.

A: ¿Habrá mucho tráfico en el centro de la ciudad? 혹시, 시내에 교통체증이 심할까?

B: No creo. No habrá tanto a esta hora. 아닐 거예요. 이 시간에는 길이 막히지 않을 거예요.

A: ¿Cuántos años tiene Julio? 훌리오가 몇 살이지?

B: No sé exactamente. Tendrá unos veinte años. 정확히는 몰라. 아마도 한 20세쯤 되었을 거야.

❖ 추측의 표현 「deber (de) + 동사원형」: ~일 것이다. / ~임에 틀림이 없다.

Debes de estar muy cansado después de trabajar tanto. 그렇게 일을 많이 해서 무척 피곤하겠구나.

3) 말하는 사람의 강한 의지를 표현한다. 명령의 뜻이 되기도 한다.

A: Mamá, ¿puedo jugar con mis amigos? 엄마, 친구랑 놀아도 돼요?

B: No, terminarás tus deberes y te quedarás en casa. 안 돼, 숙제 끝내고 집에 있어야 돼.

Lo harás ahora mismo. 지금 당장 그것을 해.

Te arrepentirás de esto. 너는 이 일을 후회하게 될 거야. (내가 그렇게 만들 거야.)

4) 단순가정에서 미래의 의미를 표현한다.

Si no corres, perderás el tren. 뛰지 않으면, 기차를 놓칠 거다.

Si no te levantas ahora, llegarás tarde a la escuela. 지금 일어나지 않으면, 학교에 지각할 거야.

연습문제 3

주어진 구문을 사용하여 미래형의 문장을 만들어 보세요.

> **보기** A: ¿Qué harás durante las vacaciones de verano?
> B: (viajar a China, estudiar un poco de chino)
> → Viajaré a China y estudiaré un poco de chino.

1. A: ¿Qué harás mañana?
   B: (salir temprano, volver tarde)
2. A: ¿Cómo vendrás mañana a la escuela?
   B: (andar diez minutos, tomar el autobús)
3. A: ¿Adónde iremos esta noche?
   B: (ir a un bar, tomar cerveza)
4. A: ¿Qué haremos en Madrid?
   B: (visitar museos, pasear por calles antiguas, pasar un tiempo maravilloso)
5. A: ¿Qué haréis tú y tus amigos el domingo?
   B: (tomar el primer tren para Barcelona, regresar el martes)

연습문제 4 **Vamos a hablar**

¿Existen muchas supersticiones en tu cultura? ¿Crees en ellas?
미신과 관련된 표현을 보기와 같이 연결하여 말해 보세요. 그리고 그 뜻을 생각해 보세요.

> **보기** pasar por debajo de una escalera / tener mala suerte
> → Si pasas por debajo de una escalera, tendrás mala suerte.

1. tocar madera
   / evitar las dificultades en el futuro

2. recibir el ramo de la novia en una boda
/ casarse pronto

3. cruzarse con un gato negro
/ tener mala suerte

4. dormir con un espejo debajo de la almohada
/ soñar con tu futuro/-a esposo/-a

5. ponerse el jersey al revés
/ tener buena suerte

6. abrir el paraguas dentro de casa
/ tener mala suerte

¿Qué otras supersticiones sabes?

1. Si escribes el nombre de alguien en rojo, ______________________.
2. Si encuentras un trébol de cuatro hojas, ______________________.
3. Si ____________________________________, tendrás buena suerte.
4. Si ____________________________________, tendrás mala suerte.
5. Si ____________________________________, aprobarás un examen.
6. Si ____________________________________, no aprobarás un examen.
7. Si ____________________________________, ganarás mucho dinero.

연습문제 5

미래에 대한 다음 내용의 조건과 결과를 연결해 보세요.

1. Si trabajamos menos horas al día, ________________.
2. Si aumenta la población de la Tierra, ________________.
3. Si descubrimos un remedio para el cáncer, ________________.
4. Si aumenta la contaminación, ________________.
5. Si se agota el petróleo, ________________.

A. utilizaremos otras fuentes de energía.
B. morirá menos gente a causa de esa enfermedad.
C. tendremos más tiempo libre.
D. desaparecerán muchas especies de animales.
E. morirá más gente de hambre.

연습문제 6

¿Cómo será nuestra vida en el siglo XXII?
미래의 모습에 대하여 이야기해 보세요.

1. ¿Viviremos más tiempo?
2. ¿Encontrarán curación para el cáncer y para otras enfermedades terminales?
3. ¿Aumentará la población de la Tierra?
4. ¿Existirá un idioma en el que todos podamos comunicarnos?
5. ¿Habrá más contaminación? ¿Habrá tantas especies de animales como ahora?
6. ¿Habrá guerras en el mundo? ¿Habrá paz?
7. ¿Las computadoras pensarán como seres humanos?

연습문제 7

Tu Currículum Vitae

각자 자신의 이력서를 써 본 다음 친구들에게 말해 보세요.

Datos personales

Nombre:
Apellidos:
Fecha de nacimiento:
Dirección:
Nacionalidad:
Edad:
Estado civil:
Teléfono:
Correo electrónico:

Datos académicos

Titulación: licenciatura en / maestría en / doctorado en
Centro de estudios:
Calificación obtenida:
Fecha:

Experiencia laboral / profesional

Puesto de trabajo:
Centro / Empresa:
Publicaciones:
Idiomas: nivel (inicial / medio / avanzado)

Conocimientos informáticos

Cursos de especialización

Otros datos de interés

Aficiones e intereses personales:

연습문제 8 **Vamos a hablar**

En una entrevista de trabajo

여러분은 지금 직장을 구하는 면접을 보고 있습니다. 다음과 같은 질문에 어떻게 대답할 수 있을까요?

1. ¿Cuál es el sueño / la meta de tu vida?
2. ¿Te gusta trabajar solo/-a o en equipo? ¿Por qué?
3. ¿Cómo te relacionas con los demás?
4. ¿Cuáles son tus cualidades?
5. ¿Cuáles son tus defectos?
6. ¿Cómo aceptas los consejos que te dan?
7. ¿Qué carrera quieres seguir?
8. ¿Qué esperas conseguir en tu profesión? ¿Dinero? ¿Prestigio? ¿Satisfacción personal? ¿Aventura? ¿Qué es lo más importante para ti?

연습문제 9 **Redacción libre**

Tu futuro

다음과 같은 표현을 참고로 하여 여러분의 미래 모습에 대하여 예측하는 글을 써 보세요.

보기

No sé si me casaré.
Posiblemente trabajaré en una empresa.
Probablemente cambiaré bastante físicamente.
Me imagino que tendré más amigos que ahora.
Creo que hablaré cinco idiomas.
Estoy seguro/-a de que habrá muchos cambios en mi vida.

1. ¿Qué harás tú después de graduarte?
2. ¿Cómo será tu vida y el mundo en los próximos 10, 20 o 30 años?

CULTURA

La cultura caribeña

En el océano Atlántico se encuentra el mar Caribe. Los países que se encuentran en la zona del Caribe que hablan español comparten características culturales comunes y típicas de esta zona.

Los países que forman la cultura caribeña son la isla de Cuba, la isla de Puerto Rico y República Dominicana que comparte la isla con Haití. Pero también forman parte del Caribe las costas del norte de Venezuela, Colombia y Panamá; las costas occidentales de Costa Rica, Nicaragua, Honduras, Guatemala y Belice; y la península de Yucatán (México).

En las islas, la mayoría de la población es mulata. Esto se debe al mestizaje entre blancos y africanos, los cuales fueron llevados como esclavos para trabajar en las plantaciones de caña de azúcar en la época colonial.

La cultura caribeña es el resultado de una mezcla de influencias: indígena, africana y europea. Esta fusión cultural se refleja en su gastronomía, en su arte, en la música y en sus bailes, entre otras manifestaciones culturales.

La salsa es uno de los ritmos caribeños más famosos: "¡Del Caribe para el mundo!" Este ritmo aparece a finales de los años sesenta e inicios de los setenta, y ha cruzado todas las fronteras sociales y geográficas hasta convertirse en un fenómeno que ha cautivado al mundo entero.

¿VERDADERO O FALSO?

Contesta:	V	F
1. Los países de la zona del Caribe están lejos del mar.	☐	☐
2. En el Caribe la gente y la cultura es homogénea.	☐	☐
3. La salsa es el único ritmo caribeño famoso en el mundo.	☐	☐

Viaje al mundo hispano

멕시코의 칸쿤(cancún)

쿠바 아바나의 체게바라 기념물

쿠바의 국회의사당

푸에르토리코(Puerto Rico) 해변의 일몰

¿Podría traernos la carta?

메뉴판을 가져다주시겠어요?

녹음을 듣고 빈칸을 채워 보세요.

En un restaurante: Carla y Paloma van juntas a un restaurante

Camarero: ¡Buenas tardes! ¿________ una mesa?

Carla: Sí, para dos personas.

Camarero: ¿___ ______ bien esta?

Paloma: Muy bien, gracias.

Camarero: ¿_________ comer algo?

Carla: Sí. ¿Podría _______ __ _____?

Camarero: ¡Claro! Un momento, por favor.

Camarero: Aquí la tiene…. ¿Qué van a comer?

Carla: Para mí, una _______ __ _____ sin cebolla y, __ _______, filete de ternera con patatas fritas.

Paloma: Yo quiero, __ _______, un gazpacho y, de segundo, pollo asado con arroz.

Camarero: ¿Y para beber?

Paloma: Para beber, una ______ __ ____ mineral sin gas.

Carla: Yo, una copa de vino tinto.

Camarero: Muy bien, señoritas, enseguida les traigo.

Camarero: ¿Van a ____ ______? Tenemos fruta, flan y helado de chocolate o de vainilla.

Carla: Sí, gracias. Para mí, un flan.

Paloma: Para mí, un _____ de chocolate.

Camarero: ¿Quieren café o té?

Paloma: Un café solo, por favor.

Carla: Un café con leche, para mí.

Camarero: ¿Desean ____ ___?

Carla: No, ____ ___. Eso es todo. ¡Gracias! La _____, por favor.

Diálogo

En un restaurante: Carla y Paloma van juntas a un restaurante

Camarero:	¡Buenas tardes! ¿Querrían una mesa?
Carla:	Sí, para dos personas.
Camarero:	¿Les parece bien esta?
Paloma:	Muy bien, gracias.
Camarero:	¿Desearían comer algo?
Carla:	Sí. ¿Podría traernos la carta?
Camarero:	¡Claro! Un momento, por favor.

Camarero:	Aquí la tiene…. ¿Qué van a comer?
Carla:	Para mí, una ensalada de pollo sin cebolla y, de segundo, filete de ternera con patatas fritas.
Paloma:	Yo quiero, de primero, un gazpacho y, de segundo, pollo asado con arroz.
Camarero:	¿Y para beber?
Paloma:	Para beber, una botella de agua mineral sin gas.
Carla:	Yo, una copa de vino tinto.
Camarero:	Muy bien, señoritas, enseguida les traigo.

Camarero:	¿Van a tomar postre? Tenemos fruta, flan y helado de chocolate o de vainilla.
Carla:	Sí, gracias. Para mí, un flan.
Paloma:	Para mí, un helado de chocolate.
Camarero:	¿Quieren café o té?
Paloma:	Un café solo, por favor.
Carla:	Un café con leche, para mí.
Camarero:	¿Desean algo más?
Carla:	No, nada más. Eso es todo. ¡Gracias! La cuenta, por favor.

Vocabulario

juntas(junto) 함께, 다 같이
carta 메뉴판
de segundo 두 번째 요리로는
enseguida 즉시
flan 푸딩
café solo 블랙커피, 에스프레소 커피
cuenta 계산서
camarero 웨이터
de primer plato 첫 번째 요리로는
filete de ternera 소고기 스테이크
postre 후식
helado 아이스크림
nada más 더 이상 없어요

Expresiones útiles

1. **¿querría(n) + 명사?:** ~를 원하십니까?
   ¿Querrían una mesa?
2. **¿desearía(n) + 동사원형?:** ~하길 원하십니까?
   ¿Desearían comer algo?
3. **¿podría + 동사원형? :** ~해 주시겠습니까?
   ¿Podría traernos la carta?

Preguntas de comprensión

1. ¿Qué quieren comer Carla y Paloma de primer plato?
2. ¿Y qué piden de segundo plato?
3. ¿Ambas van a beber vino blanco en el almuerzo?
4. ¿Qué postres ofrece el restaurante?
5. ¿Qué tipo de café prefieren Carla y Paloma?

적포도주와 올리브

Lección 8

Gramática y actividades

1. 가능법

과거에서 바라본 미래를 표현하기 위해 주로 사용된다.

1) 형태

① 규칙 동사

	hablar	**comer**	**vivir**
yo	hablar**ía**	comer**ía**	vivir**ía**
tú	hablar**ías**	comer**ías**	vivir**ías**
usted / él / ella	hablar**ía**	comer**ía**	vivir**ía**
nosotros / nosotras	hablar**íamos**	comer**íamos**	vivir**íamos**
vosotros / vosotras	hablar**íais**	comer**íais**	vivir**íais**
ustedes / ellos / ellas	hablar**ían**	comer**ían**	vivir**ían**

② 불규칙 동사

• 어간모음 -e-가 탈락되는 동사

caber	cabr**ía**, cabr**ías**, cabr**ía**, cabr**íamos**, cabr**íais**, cabr**ían**
haber	habr**ía**, habr**ías**, habr**ía**, habr**íamos**, habr**íais**, habr**ían**
poder	podr**ía**, podr**ías**, podr**ía**, podr**íamos**, podr**íais**, podr**ían**
querer	querr**ía**, querr**ías**, querr**ía**, querr**íamos**, querr**íais**, querr**ían**
saber	sabr**ía**, sabr**ías**, sabr**ía**, sabr**íamos**, sabr**íais**, sabr**ían**

• 어간모음 -e-나 -i-가 탈락되면서 자음 -d-가 첨가되는 동사

poner	pondr**ía**, pondr**ías**, pondr**ía**, pondr**íamos**, pondr**íais**, pondr**ían**
salir	saldr**ía**, saldr**ías**, saldr**ía**, saldr**íamos**, saldr**íais**, saldr**ían**
tener	tendr**ía**, tendr**ías**, tendr**ía**, tendr**íamos**, tendr**íais**, tendr**ían**
venir	vendr**ía**, vendr**ías**, vendr**ía**, vendr**íamos**, vendr**íais**, vendr**ían**

• 기타 유형 불규칙 동사

decir	dir**ía**, dir**ías**, dir**ía**, dir**íamos**, dir**íais**, dir**ían**
hacer	har**ía**, har**ías**, har**ía**, har**íamos**, har**íais**, har**ían**

2) 용법

① 과거에서 바라본 미래를 표현한다.

A: ¿Qué te dijo María? 마리아가 너에게 뭐라고 했지?
B: Me dijo que vendría el lunes. 월요일에 올 거라고 했어.

A: ¿Por qué no estabas en casa? 집에 왜 없었니?
B: Porque pensaba que volverías más tarde. 네가 좀 더 늦게 돌아올 것이라고 생각했어.

② 과거의 추측을 표현한다.

A: ¿Qué hora sería cuando salió Juan? 후안이 외출했을 때가 몇 시쯤이었을까?
B: Serían las once de la noche. 밤 11시쯤 되었을 거야.

A: ¿Con quién hablaría Ana ayer? 아나는 어제 누구와 이야기했을까요?
B: Hablaría con Mario. 마리오와 이야기했을 거예요.

③ 정중한 표현에 쓰인다.

A: ¿Podrías ayudarme?	나 좀 도와줄 수 있겠니?
B: ¡Por supuesto!	물론이야.
A: ¿Qué les apetecería comer?	무엇을 드시겠습니까?
B: Nos gustaría pedir un plato combinado.	우리는 콤비 요리를 주문하겠어요.
A: ¿Te gustaría ir a ver una exposición de Goya?	고야 전시회를 보러 갈래?
B: Sí, me encantaría.	응, 아주 좋을 것 같아.
A: ¿Te importaría abrir la ventana?	창문 좀 열어도 될까?
B: ¡Claro que no!	당연하죠.

④ 실현 가능성이 없는 일에 대한 바람을 표현: '~일 텐데'

A: Voy a comprar una moto.	오토바이 하나 살 거야.
B: Yo que tú, no lo haría. Compraría un coche.	내가 너라면, 그렇게 하지 않을 텐데. 차라리 차를 한 대 살 텐데.

연습문제 1

보기와 같이 주어진 문장을 가능법을 사용하여 간접화법으로 바꾸어 보세요.

> **보기** El capitán dijo: "¡No los mataré!"
> → El capitán dijo que no los mataría.

1. El pirata prometió a los turcos: "Los transportaré a Egipto".
2. El capitán embarcó a los turcos y pensó: "Los llevaré a Persia y los venderé como esclavos".
3. Los turcos dijeron: "Haremos una revuelta".
4. El profesor dijo: "Tendremos un examen el próximo lunes".
5. Mis padres me dijeron: "Tu hermana se graduará de la universidad en junio".
6. Los estudiantes dijeron: "¿Cuándo tendremos examen?".

연습문제 2

보기와 같이 주어진 문장을 가능법을 사용하여 정중한 표현으로 바꾸어 보세요.

> **보기** ¿Puedo hablar con José?
> → ¿Podría hablar con José?

1. ¿Quieres ir al teatro esta noche?
2. ¿Prefieres sentarte en esta silla?
3. ¿Le importa dejar de fumar?
4. ¿Puede traerme una botella de agua mineral?
5. Tenemos que cancelar el compromiso.
6. Debes estar en la puerta antes de las dos.
7. ¿Me haces un favor?
8. Hay que tener mucho cuidado.

연습문제 3

다음 보기와 같이 말해 보세요.

> **보기** apagar el cigarrillo (tú)
> → ¿Te importaría apagar el cigarrillo?
> ponerse de pie (usted)
> → ¿Le importaría ponerse de pie?

1. quitarse los zapatos (ustedes)
2. sentarse (tú)
3. esperar un momento (usted)
4. dejarme este bolígrafo (tú)
5. acompañarme (tú)
6. venir a mi casa a recogerme (tú)
7. ir al aeropuerto a recoger a nuestros amigos (vosotros)
8. salir de aquí (usted)

연습문제 4

En un hotel

다음 대화를 보고 빈칸에 적당한 가능법 동사를 써 보세요.

Cliente:	Buenas tardes. Me ________ (gustar) reservar una habitación para este fin de semana.
Recepcionista:	¿________ (querer) usted una habitación doble?
Cliente:	Sí, eso es. ¿________ (poder) poner flores en la habitación?
Recepcionista:	Sí, señor. ¿________ (desear) también una botella de champán?
Cliente:	Sí, estupendo.
Recepcionista:	Señor, ¿________ (ser) tan amable de decirme su nombre?

연습문제 5

En un hotel

다음을 이용하여 호텔에서 사용하는 표현을 연습해 보세요.

Me gustaría / Quería / Desearía ______________

1. reservar una habitación individual / doble para el _________
2. cancelar mi reservación / reserva
3. dejar mis maletas en la consigna
4. alojarme / quedarme en este hotel
5. confirmar mi reservación / reserva

> querer 동사는 예외적으로 정중한 표현을 위해 가능법 'querría'와 함께 불완료과거인 'quería'형이 자주 쓰인다.

¿Podría ______________?

6. enseñarme su documento de identidad / su pasaporte / su DNI
7. traerme más toallas
8. llamar un taxi para ir al aeropuerto
9. llevar las maletas a mi habitación
10. despertarme a las 6 de la mañana

연습문제 6 **Vamos a hablar**

En un hotel

그 밖에 호텔에서 사용할 수 있는 다음과 같은 표현을 배워 보세요.

¿Tiene habitaciones libres para dos personas?
2인실 빈방이 있나요?
¿Cuánto cuesta una habitación para una noche?
하룻밤에 방값이 얼마인가요?
¿Se incluye pensión completa en el precio?
식사가 포함되나요?
¿Puedo ver la habitación?
방을 좀 볼 수 있나요?
Estoy en la habitación 504, y el aire acondicionado / la calefacción no funciona.
저는 504호에 있는데, 에어컨/난방이 작동하지 않아요.
Estamos listos para salir.
체크아웃할 준비가 되었는데요.

연습문제 7 **Vamos a hablar**

En un restaurante

다음 보기와 같이 식당에서 주문해 보세요.

보기 Quería pedir dos copas de vino tinto y una botella de agua mineral sin gas.

참고할 어휘

una botella de agua mineral con / sin gas
una botella de vino tinto / blanco / rosado
dos copas de vino / champán / sangría
una lata de Coca Cola / refresco
un vaso de jugo / zumo de naranja natural
un plato de jamón serrano
un plato de chorizo
un bocadillo de jamón y queso
una ensalada mixta
una sopa de legumbres / verduras
pescado / pollo / carne de ternera / carne de cerdo
una paella / un plato de espaguetis
una tortilla española

un helado de fresa / vainilla
una tarta de chocolate / queso
un café solo / americano / cortado / con leche
un té con leche
una manzanilla
una horchata

Filete [carne] de ternera

Sangría

café solo

Tortilla española y patatas fritas

연습문제 8

식당에서 다음과 같은 것을 요청하려고 합니다. 보기와 같이 말해 보세요.

보기 vino → ¿Nos trae una botella / una copa de vino?
tenedor → ¿Nos trae el / un tenedor?

1. agua
2. servilleta
3. café
4. tequila
5. cuchara
6. cuchillo
7. palillos
8. pan

연습문제 9

위에서 주문한 것을 더 달라고 해야 합니다. 다음 보기와 같이 다시 말해 보세요.

보기 ¿Nos trae más pan, por favor?
¿Nos trae otro tenedor, por favor?

CULTURA

Un plato típico de la cocina española: el gazpacho andaluz

El gazpacho es el plato más internacional de la cocina andaluza y, a la vez, el más popular. En el pasado, el gazpacho era una parte importante de la dieta del campesino andaluz en verano. La forma de prepararlo dependía de los ingredientes disponibles en el momento de su preparación (pan tostado, pimiento, pepino, huevo duro, etc.). Hay muchas recetas para preparar esta sopa fresca de tomate, pero aquí proponemos una forma simple de prepararla.

Ingredientes para seis personas

2 kilos de tomates rojos maduros; 2 pimientos verdes (para freír); 2 dientes de ajo; 1 pepino pequeño; 1 vaso y 1/2 (de 200 centilitros) de aceite de oliva; 1/2 vaso de vinagre de vino; sal.

Es mejor que el acompañamiento se coloque aparte para que cada persona se sirva a su gusto. Lo ideal es poner una amplia variedad de "tropezones" y siempre cortados en daditos pequeños: tomate, pimiento, cebolla, pepino, huevo duro, pan frito, jamón, etc. Se aconseja presentarlo en una sopera grande y los tropezones dispuestos en bandejas individuales. Es importante servirlo bien frío en tazas de consomé. Sin embargo, hay quien lo bebe en vaso y sin tropezones.

¿VERDADERO O FALSO?

Contesta:

	V	F
1. El gazpacho es un plato de comida tradicional de invierno.	☐	☐
2. El ingrediente principal del gazpacho es el tomate.	☐	☐
3. El gazpacho es una sopa caliente de verduras, huevo y pan frito.	☐	☐
4. Existen muchas maneras de preparar el gazpacho andaluz.	☐	☐

Viaje al mundo hispano

하몬(jamón)

가스파초(gazpacho)

꼬치니요(cochinillo)

파에야(paella)

¿Cómo se puede ir al Museo del Prado?

프라도 박물관에 어떻게 가나요?

녹음을 듣고 빈칸을 채워 보세요.

En la Biblioteca Nacional de Madrid: una turista pregunta a Luis el camino para ir al Museo del Prado

Turista: Disculpe, ¿cómo __ _____ ir al Museo del Prado desde aquí?

Luis: ¡Es fácil! Puede ir _________. Está muy _____.

Turista: ¡Qué bueno! Aquí tengo un mapa de la ciudad. ¿______ explicarme cómo llegar?

Luis: ¡Sí, cómo no! Primero diríjase hacia el Paseo de Recoletos, luego ______ por el Paseo de Recoletos hasta llegar a la Plaza de Cibeles.

Turista: ¡Perfecto! ¿Y luego?

Luis: ____ _ __ ________ hacia el Paseo del Prado.

Turista: Bien, bien, entiendo…

Luis: ____ caminando por el Paseo del Prado, unas cuatro calles, luego gire a la izquierda hacia la Calle Felipe IV. El Museo del Prado está exactamente _ __ _______ __ esta calle.

Turista: ¡Muchas gracias! Con este mapa y las indicaciones que usted me ha dado no _____ ningún problema __ _____.

Luis: ¡Seguro que no!

Diálogo

En la Biblioteca Nacional de Madrid: una turista pregunta a Luis el camino para ir al Museo del Prado

Turista:	Disculpe, ¿cómo se puede ir al Museo del Prado desde aquí?
Luis:	¡Es fácil! Puede ir caminando. Está muy cerca.
Turista:	¡Qué bueno! Aquí tengo un mapa de la ciudad. ¿Podría explicarme cómo llegar?
Luis:	¡Sí, cómo no! Primero diríjase hacia el Paseo de Recoletos, luego camine por el Paseo de Recoletos hasta llegar a la Plaza de Cibeles.
Turista:	¡Perfecto! ¿Y luego?
Luis:	Coja a la izquierda hacia el Paseo del Prado.
Turista:	Bien, bien, entiendo···
Luis:	Siga caminando por el Paseo del Prado, unas cuatro calles, luego gire a la izquierda hacia la Calle Felipe IV. El Museo del Prado está exactamente a la derecha de esta calle.
Turista:	¡Muchas gracias! Con este mapa y las indicaciones que usted me ha dado no habrá ningún problema en llegar.
Luis:	¡Seguro que no!

Vocabulario

caminando(caminar) 걷다
llegar 도착하다
hacia ~를 향해서, ~방향으로
exactamente 정확하게
indicación 표시
explicar 설명하다
perfecto 완벽한
calle 길, 거리
mapa 지도

Expresiones útiles

1. **¿cómo se puede ir a + 장소?:** ~로 가려면 어떻게 하지요?
   ¿Cómo se puede ir al Museo del Prado?
2. **¿podría explicarme 의문사 + 동사원형?:** ~를 저에게 설명해 주시겠어요?
   ¿Podría explicarme cómo llegar?
3. **siga(n) + 현재분사(-ando / -iendo):** 계속 ~하세요.
   Siga caminando.

Preguntas de comprensión

1. ¿Adónde quiere ir la turista?
2. ¿Qué medio de transporte le aconseja Luis a la turista?
3. ¿Es difícil ir al Museo del Prado?
4. ¿Entiende la turista la explicación de Luis?
5. ¿En qué lugares tiene que girar a la izquierda la turista?

프라도 미술관(Museo del Prado)

Gramática y actividades

1. 명령법

1) Tú와 vosotros에 대한 긍정 명령형

① Tú에 대한 규칙 긍정 명령형은 직설법 현재 3인칭과 동일하고, vosotros의 긍정 명령형은 동사원형의 어미에서 r을 떼어내고 d를 첨가하여 만든다.

	hablar	**comer**	**abrir**
tú	habl**a**	com**e**	abr**e**
vosotros / vosotras	habl**ad**	com**ed**	abr**id**

A: ¿Puedo pasar? 들어가도 되나요?
B: Sí, pasa, pasa. 그래, 들어와.

A: ¿Podemos abrir la ventana? 우리가 창문을 열어도 되나요?
B: Sí, abrid la ventana, por favor. 그래, (너희들이) 열어.

② 다음의 동사들은 tú 명령형에 불규칙 명령형을 가진다.

	decir	**hacer**	**ir**	**poner**
tú	**di**	**haz**	**ve**	**pon**
vosotros / vosotras	decid	haced	id	poned

	salir	**ser**	**tener**	**venir**
tú	**sal**	**sé**	**ten**	**ven**
vosotros / vosotras	salid	sed	tened	venid

Sal de aquí ahora mismo.	여기서 지금 당장 나가라.
Ten paciencia.	인내심을 가져.
Ven aquí.	이리 와.
Ponte la ropa.	옷 입어.
Dime la verdad.	나에게 사실을 말해줘.

연습문제 1

교실에서 사용되는 표현들입니다. 주어진 표현을 적당한 tú, vosotros 명령형으로 바꾸어 보세요.

> **보기** levantar la mano
> → Levanta la mano. (tú)
> Levantad la mano. (vosotros / vosotras)

1. hablar en voz alta
2. abrir el libro
3. escuchar el diálogo
4. hacer preguntas
5. llegar a tiempo
6. prestar atención al profesor
7. entregar la tarea
8. hablar con tu compañero

2) Usted, ustedes에 대한 긍정 명령형

Usted와 ustedes 인칭의 긍정 명령형과 모든 인칭의 부정 명령형은 접속법 현재시제의 동사변화를 따른다. 접속법 현재는 동사의 1인칭 단수 현재형을 기본으로 하여 만든다. (*10과 접속법 현재형 참고할 것)

	hablar	**comer**	**abrir**
usted	habl**e**	com**a**	abr**a**
ustedes	habl**en**	com**an**	abr**an**

	cerrar	**tener**	**dormir**
usted	cierr**e**	teng**a**	duerm**a**
ustedes	cierr**en**	teng**an**	duerm**an**

A: ¿Puedo pasar? 들어가도 되나요?
B: Sí, pase, por favor. 네, 들어오세요.

A: ¿Podemos cerrar la puerta? 문을 닫아도 되나요?
B: Sí, cierren la puerta, por favor. 네, 닫으십시오.

연습문제 2

다음 주어진 표현을 usted 명령형으로 만들어 보세요.

보기 hablar en voz alta
→ Hable en voz alta, por favor.

1. tomar un taxi
2. volver enseguida
3. caminar mucho
4. beber mucha agua
5. comer mucha verdura y fruta
6. introducir la tarjeta de crédito
7. pulsar su número secreto
8. sacar dinero

3) 부정 명령형

tú, vosotros, usted, ustedes 모든 경우의 부정 명령형은 접속법 현재형을 따른다.

	hablar	**comer**	**abrir**
tú	no habl**es**	no com**as**	no abr**as**
vosotros / vosotras	no habl**éis**	no com**áis**	no abr**áis**
usted	no habl**e**	no com**a**	no abr**a**
ustedes	no habl**en**	no com**an**	no abr**an**

A: ¿Puedo hablar con la secretaria? — 비서와 얘기할 수 있나요?
B: (Tú) Sí, habla con ella. — 그래, 얘기해.
No, no hables con ella. — 아니, 그녀와 얘기하지 마.

C: (Usted) Sí, hable con ella. — 네, 얘기하세요.
No, no hable con ella, por favor. — 아니요, 얘기하지 마세요.

A: ¿Podemos abrir la ventana? — 우리가 창문을 열어도 되나요?
B: (Vosotros) Sí, abrid la ventana. — 응, 열어.
No, no abráis la ventana. — 아니, 열지 마.

C: (Ustedes) Sí, abran la ventana. — 네, 여세요.
No, no abran la ventana, por favor. — 아니요, 열지 마세요.

연습문제 3

다음을 vosotros와 ustedes에 대한 부정 명령형으로 각각 표현해 보세요.

보기 no subir al autobús
→ No subáis al autobús. (vosotros)
No suban al autobús. (ustedes)

1. no sacar fotos
2. no tocar pinturas
3. no decir mentiras
4. no traer comida ni bebida
5. no entrar con perros
6. no pisar el césped del jardín
7. no fumar en el edificio
8. no entrar en el agua de la fuente

4) 명령문에서 목적대명사의 위치

목적대명사는 긍정 명령형에서는 동사 뒤에 붙여 쓰며, 강세 규칙에 따라 강세 부호가 나타나기도 한다. 그러나 부정 명령형에서는 'no'와 동사 사이에 위치한다.

Lee el periódico.	→ Lée**lo**. / No **lo** leas.
Entrega la carta a Juan.	→ Entréga**sela**. / No **se la** entregues.

A: ¿Puedo abrir la ventana?	창문을 열어도 되나요?
B: Sí, ábrela. / Sí, ábrala.	응, 열어라. / 네, 여세요.
No, no la abras. / No, no la abra.	아니, 열지 마. / 아니요, 열지 마세요.
A: ¿Puedo dar el documento a la secretaria?	서류를 비서에게 주어도 되나요?
B: Sí, dáselo. / Sí, déselo.	그래. 그 사람에게 그것을 줘. / 네, 그 사람에게 그것을 주세요.
No, no se lo des. / No, no se lo dé.	아니, 주지 마. / 아니요, 주지 마세요.
A: Lo siento.	미안해요.
B: No te preocupes. / No se preocupe.	걱정 마. / 걱정 마세요.

주의 재귀동사 구문의 명령형: vosotros 인칭에서 -d가 탈락한다.

Levántate.	Levanta**os**. (-d- 탈락)
Levántese.	Levántense.

Ya es hora de dormir. Lavaos las manos y acostaos enseguida. 이제 잘 시간이다. 얼른 손 씻고 자렴.

Paco, ya es tarde. Levántate ahora mismo. 빠꼬, 늦었어. 당장 일어나.

연습문제 4

다음 보기와 같이 명령형으로 대답해 보세요.

보기 A: ¿Compro este ordenador?
B: Sí, cómpralo. (tú)

1. A: ¿Te digo la verdad?
   B: Sí, ____________. (tú)
2. A: ¿Me pongo las botas de montaña?
   B: Sí, ____________. (tú)
3. A: ¿Me siento en esta butaca?
   B: Sí, ____________. (usted)
4. A: ¿Puedo encender la luz?
   B: Sí, ____________. (usted)
5. A: ¿Cierro la ventana?
   B: Sí, ____________. (usted)
6. A: ¿Nos acostamos ahora?
   B: Sí, ____________. (vosotros)

2. 다양한 청유와 명령의 표현들

1) 의문문은 청유형으로 사용되어 부드러운 명령형의 의미를 지닌다.

A: ¿Me das el disco? / ¿Me puedes dar el disco? 나한테 씨디를 줄래?
B: Sí, toma. 그래, 받아.

A: ¿Me trae un vaso de agua? / ¿Me puede traer un vaso de agua? 저에게 물 한 잔만 가져다주시겠어요?
B: Sí, espere un momento. 네, 잠시만 기다리세요.

A: ¿Me dejas 100 pesos? / ¿Me puedes dejar 100 pesos? 나한테 100페소만 빌려줄래?
B: No puedo. No tengo dinero. 나 돈이 없어서 못 빌려줘.

2) 정중한 요청의 표현으로는 'poder + inf.' 형태가 많이 사용된다.

¿Puedes abrir la ventana? 창문 좀 열어 줄래?

A: ¡Perdone! ¿Podría abrir la ventana? 죄송하지만, 창문을 열어 주시겠어요?
B: ¡Claro! Ahora mismo la abro. 물론입니다. 지금 바로 열게요.

3) 부정사를 사용하는 명령의 표현

No fumar. 금연
No aparcar. 주차금지

¡A dormir! 자, 자거라.
¡A comer! 자, 먹자.

4) 현재시제도 명령의 표현을 지닐 수 있다.

Vas y se lo dices de mi parte.	그에게 가서 내 입장을 말해줘.
Tú cantas y yo bailo, ¿de acuerdo?	네가 노래 부르고 난 춤출게, 괜찮지?

연습문제 5

보기와 같이 부탁하는 표현을 해 보세요.

보기 traerme un vaso de agua
→ ¿Me traes un vaso de agua?

1. hacerme un favor
2. dejarme tu móvil por un momento
3. llevarme al aeropuerto
4. venir al aeropuerto a recibirme
5. bajar el volumen
6. subir el volumen
7. apagar la calefacción
8. encender el aire acondicionado

연습문제 6

길을 묻고 대답하는 다음 대화를 연습해 보세요.

A: ¡Oiga! ¡Perdone! ¿Dónde está la Gran Vía, por favor?
B: Siga todo recto y tome la segunda calle a la izquierda. Luego, cruce la plaza de Medinaceli. Allí está la Gran Vía.
A: ¡Muchas gracias!

A: ¡Oye! ¡Perdona! ¿Sabes dónde está la estación de metro “Sevilla”?
B: Sí, sigue todo recto y gira en la primera a la derecha. Después, toma la calle Goya y sigue hasta la Glorieta Bilbao.
A: ¡Vale! ¡Gracias!

A: ¿Hay un restaurante por aquí?
B: Sí, hay uno al final de esta calle, a la izquierda.
A: ¿Está lejos?
B: No, está aquí mismo. A unos cinco minutos andando.
A: ¡Gracias!

연습문제 7 Vamos a hablar

여러분은 현재 Atocha 지하철역에 있습니다. 다음의 장소로 가는 방법을 묻고 명령형을 사용하여 대답해 보세요. 이때 다음과 같은 표현을 활용해 보세요.

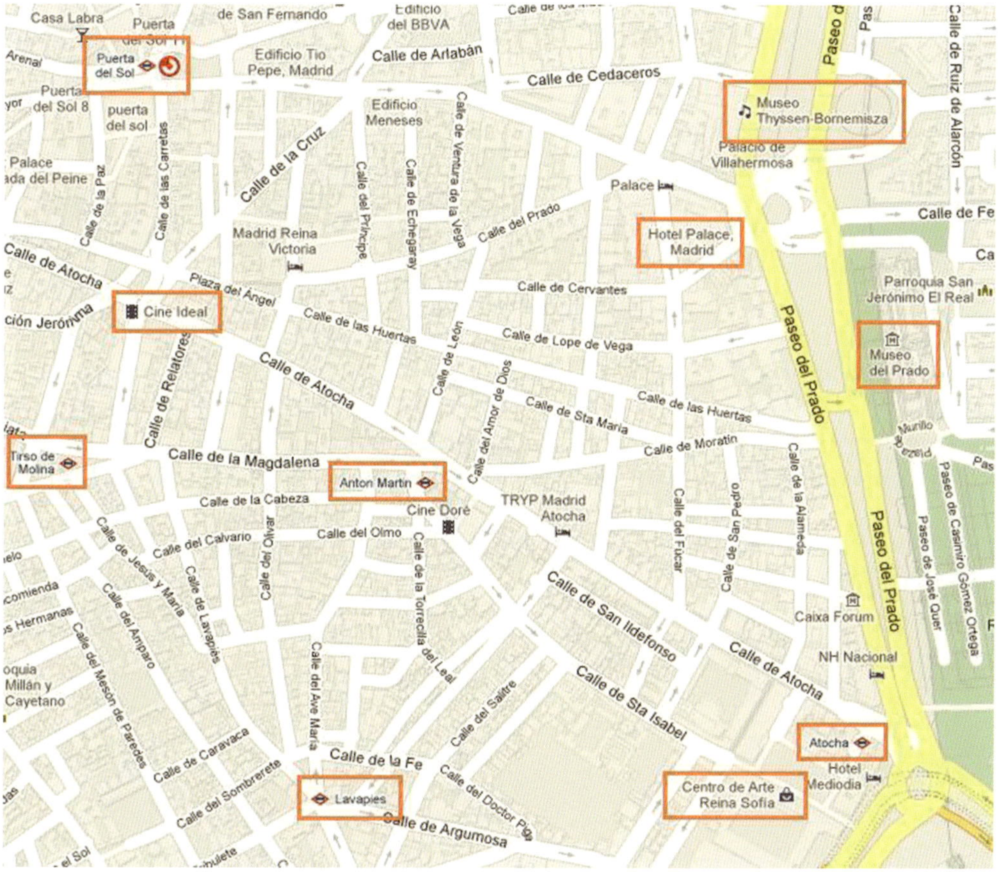

1. el Centro de Arte Reina Sofía
2. la Estación de metro Antón Martín
3. la Estación de metro Lavapiés
4. el Museo del Prado
5. el Museo Thyssen-Bornemisza
6. el Cine Ideal
7. la Puerta del Sol
8. Hotel Palace Madrid

길 묻기
¡Disculpe! ¿Sabe usted dónde está el metro? 죄송하지만, 지하철이 어디에 있는지 아시나요?
¡Oye! ¡Perdona! ¿Dónde está el metro? 미안하지만, 지하철이 어디지?
¡Por favor, señor! ¿Hay un banco por aquí cerca? 죄송하지만, 이 근처에 은행이 있나요?

대답하기
Sigue todo recto / derecho.
Siga todo recto / derecho. 쭉 가세요.

Gira / Dobla a la derecha / izquierda.
Gire / Doble a la derecha / izquierda. 오른쪽 / 왼쪽으로 도세요.

Cruza la calle / la plaza / la glorieta.
Cruce la calle / la plaza / la glorieta. 길 / 광장 / 로터리를 건너세요.

Coge / Toma la primera calle a la derecha / izquierda.
Coja / Tome la primera calle a la derecha / izquierda. 오른쪽 / 왼쪽 첫 번째 길로 가세요.

Allí está. 거기에 있어요.

연습문제 8 **Vamos a hablar**

El plano de metro de Madrid
다음 Madrid의 지하철 노선표를 보고 질문에 대답해 보세요.

보기
A: ¡Oiga! ¡Perdone! ¿Cómo puedo ir a la estación de ______________?
B: Tome la línea ________, con dirección a la Plaza de Castilla y baje en la estación ____________. Allí cambie a la línea ______, con dirección a ______________ y siga hasta ___________. Bájese. La estación _____________ está allí .

1. Sevilla - Plaza de Castilla
2. Antonio Machado - Nuevos Ministerios
3. Cuatro Caminos - Plaza de España
4. Retiro - Atocha
5. Chamartín - Avenida de América
6. Moncloa - Aluche
7. Sol - Pueblo Nuevo
8. Estrecho - Goya

연습문제 9 **¿Cómo puedo ir a tu casa?**

여러분이 있는 곳에서 다음의 장소로 가는 방법을 설명해 보세요.

1. el Ayuntamiento
2. tu casa
3. la terminal de autobuses
4. el metro más cercano
5. la estación de tren

3. 무인칭 구문

1) 무인칭의 se('se' impersonal)

특정한 주어를 사용하지 않고 '일반적으로 사람들이 ~하다'는 표현을 나타내고자 할 경우 「se + 3인칭 단수동사」로 구성되는 무인칭 구문이 사용된다.

A: ¿Qué lengua se habla en Canadá?	캐나다에서는 어떤 언어를 합니까?
B: Se habla francés e inglés.	프랑스어와 영어를 합니다.
A: ¿Se puede pagar con tarjeta de crédito?	신용카드로 지불해도 되나요?
B: No, no se puede. Aquí se paga solo en efectivo.	안 됩니다. 여기서는 현금으로만 지불합니다.
Se dice que los coreanos son trabajadores.	한국인들은 부지런하다고 합니다.
Se come bien en esta ciudad.	이 도시에서 사람들은 잘 먹는다.

2) 3인칭 복수형 동사에 의한 무인칭 구문

동사가 3인칭 복수 형태이지만 주어는 특정한 '그들'이 아닌 불특정한 일반인들이므로, '그들'이라고 해석해서는 안 된다.

Dicen que va a llover.	비가 온다고 합니다.
En el cine ponen una película de amor de Pedro Almodóvar.	영화관에서는 뻬드로 알모도바르 감독의 로맨스 영화를 합니다.

연습문제 10

¿Dónde se puede usar la siguiente expresión?
다음과 같은 금지나 허락의 문구가 어디에서 쓰이는지 생각해 보세요.

en una tienda / en una biblioteca / en un autobús / en una clase / en un parque / en un museo / en una autopista / en una iglesia / en un tribunal / en una gasolinera / en un restaurante / en un hospital / en un aparcamiento

보기 Se ruega no fumar
→ Se puede usar en un restaurante o en un hospital.

1. Se puede pagar con tarjeta

2. Se prohíbe hablar con el conductor

3. Se ruega mantener silencio

4. Se prohíbe sacar fotos

5. No pisar el césped

6. Se prohíbe conducir a más de cien kilómetros por hora

7. Se ruega apagar el motor

8. No se puede usar el teléfono

연습문제 11

다음 표지판에서 뜻하는 내용을 아래 표현을 이용하여 말해 보세요.

No se puede~ / Está prohibido~ / Se prohíbe~

1.

2.

3.

4.

CULTURA

Las culturas precolombinas: mayas, aztecas e incas

Entre los años 1500 a.C. y 1546 d.C. se desarrollaron en el norte, centro y sur de América, tres grandes culturas o civilizaciones: la maya y la azteca en Centroamérica y la inca en Sudamérica.

Los mayas se extendieron por toda la península de Yucatán y zonas que hoy corresponden a Guatemala, Honduras, El Salvador y Belice. Se organizaron en ciudades-estado independientes. Su sociedad se basó en una economía agrícola y comercial. El pueblo maya construyó grandes templos y ciudades como la de Chichén Itzá, entre otras muchas. En sus centros religiosos construyeron pirámides y palacios para sus gobernantes. Su sistema de escritura combinaba símbolos fonéticos, silábicos e ideogramas.

Los mexicas o aztecas emigraron entre los siglos XII y XIV al Valle de México en América del Norte. Allí establecieron su capital, Tenochtitlán (actual México, D.F.). Los mexicas desarrollaron una variada y compleja cultura astronómica, religiosa, política y artística. La lengua de los mexicas era el náhuatl, y hoy en día, es la lengua indígena con mayor número de hablantes en México.

Los incas, llamados los "hijos del sol", fueron grandes conquistadores y tuvieron el imperio más grande y extenso de América. Su extensión abarcó casi toda la América del Sur: desde Quito y Ecuador hasta la zona central de Chile. Transmitieron el idioma quechua a todos los pueblos que conquistaron y aún ahora el quechua es hablado por millones de personas en seis países de América del Sur. Los incas desarrollaron la orfebrería y el arte textil, pero sobre todo fueron grandes arquitectos, distinguiéndose por el trabajo fino de la piedra. Una muestra tangible de ello es la fortaleza de Machu Picchu.

¿VERDADERO O FALSO?

Contesta:	V	F
1. Los aztecas eran un pueblo con una economía basada en la pesca.	☐	☐
2. Los mayas crearon un imperio unificado en América Central.	☐	☐
3. Los incas conquistaron el norte de América.	☐	☐
4. Las culturas precolombinas se originaron en España.	☐	☐

Viaje al mundo hispano

마추픽추 유적

마야 유적

테오티와칸 달의 피라미드

Te pido que vengas ahora mismo

지금 바로 와 줘

녹음을 듣고 빈칸을 채워 보세요.

En la Plaza de España: María llama por teléfono a Carlos porque le han robado el bolso

Carlos: ¿Sí? ¡____!

María: ¡Carlos, soy María! Te llamo desde una cabina de la Plaza de España.

Carlos: ¿Pasa algo? ¿Estás bien?

María: Acaban de _______ el bolso. ¿Puedes venir por favor? Estoy muy nerviosa y no sé qué hacer.

Carlos: Sobre todo, te pido que _ ______. Dime, ¿qué tenías en el bolso?

María: Mi móvil, mi ______ con dinero, tarjetas de débito y crédito, mi DNI, un ________ pequeño y otras cosas más.

Carlos: Te recomiendo que _______ inmediatamente tus tarjetas. Luego, iremos a una comisaría para ________ el robo. ¡Ahora mismo voy!

María: ¡Vale! Pero, ¿dónde nos vemos?

Carlos: Espérame al lado del monumento de Miguel de Cervantes. No _ ______ de allí.

María: Carlos, ¡gracias por venir!

Carlos: Vamos rápido, _________ por el camino y miremos en las papeleras del parque. Generalmente, los ladrones solo quieren el dinero en efectivo. ¡Ojalá __________ tu DNI!

María: ¡Espero que ___ así!

Carlos: Después, hay que ir rápidamente a una ________.

María: De acuerdo. Carlos, ¡gracias por ayudarme!

Carlos: ¡De nada! Para eso están los amigos.

Diálogo

En la Plaza de España: María llama por teléfono a Carlos porque le han robado el bolso

Carlos:	¿Sí? ¡Diga!
María:	¡Carlos, soy María! Te llamo desde una cabina de la Plaza de España.
Carlos:	¿Pasa algo? ¿Estás bien?
María:	Acaban de robarme el bolso. ¿Puedes venir por favor? Estoy muy nerviosa y no sé qué hacer.
Carlos:	Sobre todo, te pido que te calmes. Dime, ¿qué tenías en el bolso?
María:	Mi móvil, mi cartera con dinero, tarjetas de débito y crédito, mi DNI, un monedero pequeño y otras cosas más.
Carlos:	Te recomiendo que canceles inmediatamente tus tarjetas. Luego, iremos a una comisaría para denunciar el robo. ¡Ahora mismo voy!
María:	¡Vale! Pero, ¿dónde nos vemos?
Carlos:	Espérame al lado del monumento de Miguel de Cervantes. No te muevas de allí.

María:	Carlos, ¡gracias por venir!
Carlos:	Vamos rápido, busquemos por el camino y miremos en las papeleras del parque. Generalmente, los ladrones solo quieren el dinero en efectivo. ¡Ojalá encontremos tu DNI!
María:	¡Espero que sea así!
Carlos:	Después, hay que ir rápidamente a una comisaría.
María:	De acuerdo. Carlos, ¡gracias por ayudarme!
Carlos:	¡De nada! Para eso están los amigos.

Vocabulario

cabina 전화 박스
sobre todo 무엇보다도
tarjetas de débito 현금인출카드
comisaría 경찰서
denunciar 신고하다
ojalá ~면 얼마나 좋을까
acaban de~(acabar de~) 막 ~하다
te calmes(calmarse) 진정하다
DNI(Documento Nacional de Identidad) 신분증, 주민등록증
papelera 쓰레기통

Expresiones útiles

1. **te pido que 접속법 현재:** 너에게 ~를 부탁할게, ~해줘.
   Te pido que vengas ahora mismo.
2. **te recomiendo que 접속법 현재:** 너에게 ~를 하라고 권할게.
   Te recomiendo que canceles inmediatamente tus tarjetas.
3. **¡ojalá 접속법 현재!:** 제발 ~했으면!
   ¡Ojalá encontremos tu DNI!
4. **hay que 동사원형:** ~해야만 해.
   Ahora hay que ir rápidamente a una comisaría.

Preguntas de comprensión

1. ¿De dónde y cómo llama María por teléfono a Carlos?
2. ¿Qué le ha pasado a María?
3. ¿Qué llevaba María en su bolso?
4. ¿Dónde se encuentran María y Carlos?
5. ¿Qué le aconseja Carlos a María?

마드리드의 스페인 광장
(Plaza de España)

Gramática y actividades

1. 접속법 현재(Presente de subjuntivo)

접속법은 실제 일어나지 않은 사건을 표현하거나 희망, 명령, 요구, 허락, 금지 등의 표현과 주관적인 판단, 감정 등을 표현하는 데 사용된다.

1) 접속법의 형태

① 규칙 동사

접속법의 현재형은 동사의 현재 1인칭 단수형에서, 어미 '-o'를 삭제한 동사의 어간에 접속법 어미를 붙여서 만든다.

	hablar	comer	vivir
yo	habl**e**	com**a**	viv**a**
tú	habl**es**	com**as**	viv**as**
usted / él / ella	habl**e**	com**a**	viv**a**
nosotros / nosotras	habl**emos**	com**amos**	viv**amos**
vosotros / vosotras	habl**éis**	com**áis**	viv**áis**
ustedes / ellos / ellas	habl**en**	com**an**	viv**an**

② 철자에 유의해야 할 동사변화

	explicar	llegar	empezar
yo	expli**qu**e	lle**gu**e	empie**c**e
tú	expli**qu**es	lle**gu**es	empie**c**es
usted / él / ella	expli**qu**e	lle**gu**e	empie**c**e
nosotros / nosotras	expli**qu**emos	lle**gu**emos	empe**c**emos
vosotros / vosotras	expli**qu**éis	lle**gu**éis	empe**c**éis
ustedes / ellos / ellas	expli**qu**en	lle**gu**en	empie**c**en

③ 직설법 현재형에서 불규칙형 동사변화를 가지는 경우에도 현재 1인칭 단수형에서 어미 '-o'를 삭제한 어간에 접속법 어미를 붙여서 만드는 것은 동일하다.

	decir	pedir	conocer
직설법 1인칭 단수형	digo	pido	conozco
yo	diga	pida	conozca
tú	digas	pidas	conozcas
usted / él / ella	diga	pida	conozca
nosotros / nosotras	digamos	pidamos	conozcamos
vosotros / vosotras	digáis	pidáis	conozcáis
ustedes / ellos / ellas	digan	pidan	conozcan

④ 직설법의 어간모음 불규칙 동사는 접속법 현재에서도 어간모음이 똑같이 변한다.

	pensar	querer	poder	volver
yo	p**ie**nse	qu**ie**ra	p**ue**da	v**ue**lva
tú	p**ie**nses	qu**ie**ras	p**ue**das	v**ue**lvas
usted / él / ella	p**ie**nse	qu**ie**ra	p**ue**da	v**ue**lva
nosotros / nosotras	pensemos	queramos	podamos	volvamos
vosotros / vosotras	penséis	queráis	podáis	volváis
ustedes / ellos / ellas	p**ie**nsen	qu**ie**ran	p**ue**dan	v**ue**lvan

⑤ 불규칙 동사: 직설법 현재 1인칭 단수형이 '-o'로 끝나지 않는 동사는 불규칙한 접속법 어간을 가진다.

dar	dé, des, dé, demos, deis, den
estar	esté, estés, esté, estemos, estéis, estén
haber	haya, hayas, haya, hayamos, hayáis, hayan
ir	vaya, vayas, vaya, vayamos, vayáis, vayan
saber	sepa, sepas, sepa, sepamos, sepáis, sepan
ser	sea, seas, sea, seamos, seáis, sean

2) 접속법의 용법

① 희망, 명령, 요구, 허락, 금지 등의 표현에 쓰이는 접속법

주절에 희망, 명령, 요구, 허락, 금지 등을 표현하는 동사가 나타나고, 주절의 주어와 종속절의 주어가 다른 경우에 종속 명사절에는 접속법이 사용된다.

주어 1	**querer** 원하다 / **esperar** 희망하다 / **desear** 바라다	que + 주어 2 + 접속법
	sugerir 제안하다 / **pedir** 요청하다 / **rogar** 간청하다 / **recomendar** 추천하다 / **aconsejar** 충고하다 / **mandar** 시키다 / **ordenar** 명령하다 / **decir** 말하다 / **prohibir** 금지하다 / **permitir** 허락하다	

A: ¿Qué quieres hacer hoy? 너는 오늘 뭐 하기를 원하니?

B: Quiero salir con mis amigos, pero mis padres quieren que yo me quede en casa. 나는 친구들과 나가길 원해. 그러나 우리 부모님은 내가 집에 있길 원하셔.

A: Espero verte pronto. 나는 너를 곧 만나기를 바란다.

B: Yo también espero que vengas pronto. 나도 네가 곧 오길 바란다.

Te pido que me ayudes. (= Te pido ayudarme.)	나를 도와달라고 너에게 부탁할게.
Le recomiendo que haga mucho ejercicio y coma mucha verdura. (= Le recomiendo hacer mucho ejercicio y comer mucha verdura.)	운동을 많이 하고 야채를 많이 드실 것을 권합니다.
El profesor prohíbe a los alumnos que traigan comida a la clase. (= El profesor prohíbe a los alumnos traer comida a la clase.)	선생님은 학생들이 수업에 음식을 가져오는 것을 금지합니다.

연습문제 1

빈칸에 적절한 접속법 형태를 써 보세요.

1. Mis padres quieren que nosotros ______________ (sacar) buenas notas.
2. Quiero que me ______________ (llamar, tú) mañana.
3. Quiero que nosotros ______________ (ir) al museo primero.
4. Nosotros deseamos que Juan ______________ (tener) un buen viaje.
5. Espero que (tú) ______________ (tener) mucha suerte.
6. Deseo que (tú) ______________ (pasar) una feliz Navidad.
7. Espero que no (tú) ______________ (perder) la esperanza.
8. Prefiero que (nosotros) ______________ (leer) libros en vez de ver televisión.

연습문제 2

빈칸에 적절한 접속법 형태를 써 보세요.

1. Mi amiga nos sugiere que ______________ (llegar) temprano al aeropuerto.
2. El profesor me recomienda que ______________ (tomar) el examen DELE.
3. Nos han aconsejado que no ______________ (viajar) allí de vacaciones.
4. El profesor les prohíbe a los alumnos que ______________ (hablar) en voz alta.
5. Le ruego que me ______________ (perdonar).
6. Le pido al funcionario que ______________ (atender) mi petición.
7. El director me manda que ______________ (volver) a la oficina pronto.
8. Ellos nos permiten que ______________ (entrar) en el museo.

연습문제 3

다음 예문과 같이 문장을 바꾸어 쓰세요.

보기 No quiero ir al supermercado. Prefiero que tú...
→ Prefiero que tú vayas al supermercado.

1. No tengo tiempo de comprar los billetes de tren. Quiero que ustedes...
2. Mi amiga no quiere beber champán. Prefiere que nosotros (beber mojito)...
3. Javier no quiere ir a buscar a su hija. Prefiere que su mujer...
4. No quiero llamar a José. Prefiero que tú...
5. No puedo ir a verte. Prefiero que tú (venir a verme)...
6. No quiero ir a la reunión. Prefiero que mis compañeros...
7. No quiero encargarme de este asunto. Prefiero que tú...
8. Ella no quiere acompañar al director. Ella prefiere que yo...

연습문제 4

Las normas de convivencia en una familia española

스페인 가정에서 함께 지내는 친구에게 집주인 아저씨가 쓴 글입니다. 빈칸에 알맞은 동사형을 써 보세요.

보기

Querido Jason:

Deseo que (tú) ________________ (sentirse) como en tu casa, pero también quiero que ________________ (saber) que tenemos algunas normas de convivencia y te pido que las ________________ (respetar). No permito que mis hijos ________________ (beber) alcohol, que ________ (salir) de noche entre semana, ni que ____________ (dormir) fuera de casa.

También te pido que ________________ (colaborar) en las tareas del hogar, que ________________ (dejar) tu cuarto siempre ordenado y que ________________ (cumplir) tus turnos en las tareas domésticas. Puedes usar el ordenador y conectarte a Internet si lo necesitas, pero te ruego que lo ________________ (hacer) a partir de las cinco, puesto que la tarifa es más baja. No quiero que entres en páginas web de pago. En cuanto a tu estancia en nuestro país, te aconsejo que ________________ (aprovechar) el tiempo, que ____________ (visitar) los museos y que ________________ (estudiar) nuestra cultura. También te recomiendo que ________________ (comer) en restaurantes típicos y que ________________ (ir) al teatro; hay funciones muy interesantes. Seguro que tus padres no quieren que ________________ (gastar) el dinero en bares y discotecas, y esperan que este viaje ________ (ser) una experiencia valiosa para ti.

Lección 10

연습문제 5 **Vamos a hablar**

빈칸에 들어갈 수 있는 접속법 형태의 표현을 연습해 보세요.

1. En la clase mi profesor les aconseja a los estudiantes que ______________________
2. Les prohíbe también que ______________________
3. Los estudiantes quieren que el profesor ______________________
4. Los estudiantes le piden al profesor que ______________________
5. En mi casa mis padres me aconsejan que ______________________
6. No me permiten / dejan que ______________________
7. En la biblioteca está prohibido que (nosotros) ______________________
8. Está permitido que (nosotros) ______________________

연습문제 6 **Redacción libre**

Mis padres y yo

여러분이 부모님께 바라는 것과 부모님이 여러분에게 바라는 것을 말해 보세요.

> **보기** Yo quiero salir con mis amigos, pero mis padres quieren que yo me quede en casa y estudie.
> Mis padres trabajan muchísimo, pero quiero que mis padres no trabajen tanto y disfruten de su vida.

1. ¿Qué quieren tus padres que hagas?
   Yo quiero ____________ , pero mis padres quieren que yo ____________.

2. ¿Qué quieres que tus padres hagan?
   Mis padres quieren ____________ , pero quiero que mis padres ____________.

연습문제 7

¿Qué consejos le darías?

어떤 충고를 할 수 있을까 생각해 보세요.

보기 A un amigo que siempre llega tarde a clase
→ Te aconsejo / recomiendo que te levantes temprano y no llegues tarde a clase.

1. A un estudiante que quiere hablar muy bien el español
2. A un amigo que gasta mucho dinero
3. A un exnovio / una exnovia que no te gusta, pero es muy insistente
4. A un amigo que está resfriado y tiene dolor de cabeza
5. A un amigo que ha sacado malas notas en un examen
6. A un taxista que conduce a más de 120 kilómetros por hora
7. A un amigo que siempre se queda en casa trabajando y que nunca sale
8. A una amiga / un amigo de 20 años que quiere casarse

연습문제 8

¿Cómo escribimos tarjetas?

다음 카드를 보고 어느 때에 쓸 수 있는 카드의 내용인지 생각해 보세요.

보기

En Navidad.
En año nuevo.
En el cumpleaños de un amigo.
Para felicitar a un amigo por su graduación.
Para expresar agradecimiento en el Día de los Padres.
En un funeral.

4.

5.

6.

1. 여러분의 친구에게 생일 축하 카드를 써 보세요.
2. 성탄 축하 카드를 써 보세요.
3. 부모님께 감사의 카드를 써 보세요.

② 주절에 의심, 부정, 불확실 등의 의미가 나타나는 경우 종속절에 접속법이 쓰인다. 그러나 주절에 사실, 확신, 확실 등의 의미가 나타나면 직설법이 쓰인다.

Creo que podemos ir de compras hoy. 나는 오늘 우리가 쇼핑하러 갈 수 있다고 믿는다.
No creo que podamos ir de compras hoy. 나는 오늘 우리가 쇼핑하러 갈 수 있다고 믿지 않는다.

Es verdad que ellos siempre llegan tarde. 그들이 항상 늦는다는 것은 사실이다.
No es verdad que ellos siempre lleguen tarde. 그들이 항상 늦는다는 것은 사실이 아니다.

③ 가치 판단, 감정을 표현하는 형용사를 가진 비인칭구문에서 특정 주어를 표현하는 경우에 접속법이 쓰인다.

Es necesario que yo tenga invitación para entrar en la fiesta. 내가 파티에 들어가기 위해서는 초대장을 가져가는 것이 필요하다.
cf. Es necesario tener invitación para entrar en la fiesta. 파티에 들어가려면 초대장을 가져가는 것이 필요해요.

Es posible que llueva mucho mañana. 내일 비가 많이 올 것 같다.
Es imposible que vayamos juntos. 우리가 다 같이 가는 것은 불가능하다.

연습문제 9

주어진 동사를 문맥에 맞도록 접속법이나 직설법 형태를 넣어 문장을 완성해 보세요.

1. No creo que ________________ (haber) problemas.
2. Es cierto que tu novio te _____________(querer) mucho.
3. Es posible que _______________(nevar) mañana.
4. No está claro que él ______________ (estar) muy contento con su nuevo trabajo.
5. No creo que tú _______________ (tener) razón.

6. Es necesario que nosotros ______________ (conservar) bien el medio ambiente.
7. Es fácil que los coreanos ______________(aprender) el japonés.
8. No es seguro que el vuelo ______________ (llegar) tarde.

연습문제 10 **Vamos a hablar**

¿Qué consejos le darías a un amigo para que tenga una vida feliz?
행복한 삶을 위한 충고를 해 보세요. 다음과 같은 표현을 사용해 보세요.

Para vivir feliz es importante que uno ______________________________.
Es indispensable que uno ______________________________________.
No es necesario que uno ______________________________________.

보기 Es importante que uno cuide su salud.
Es indispensable que no tenga mucho estrés.
No es siempre necesario que uno tenga mucho dinero.

참고할 어휘

cuidar su salud
visitar a su familia y a sus amigos con frecuencia
llevarse bien con otras personas
trabajar por el gusto de trabajar
trabajar solamente para ganar dinero
dormir ocho horas diariamente
casarse con una persona a la que se ama mucho
no tener mucho estrés
tener muchos amigos
pensar positivamente

La música y el baile en el mundo hispánico

CULTURA

La música latina incluye la música de todos los países latinoamericanos y también la de España, Portugal, Francia, Italia y Rumania. La música latina es muy diversa y sus ritmos son el resultado de las aportaciones de otras tradiciones musicales.

En España, entre otros estilos, destacan la canción española, el flamenco, el pasodoble, el bolero, el chotis, la habanera, la polca y la zarzuela. En América, hay una gran variedad de ritmos bailables: tango y milonga (Argentina); cueca (Chile); cumbia (Colombia); lambada (Bolivia); mariachi, ranchera y música norteña (México); merengue y bachata (República Dominicana); cha-cha-chá, mambo, rumba y salsa (Cuba); samba y bossa nova (Brasil); y muchos otros ritmos más.

Todos estos ritmos nacen de la mezcla de elementos musicales europeos, africanos e indígenas americanos.

¿VERDADERO O FALSO?

Contesta:

	V	F
1. La música latina incluye solamente los estilos de Latinoamérica.	☐	☐
2. La música latina se parece mucho en todos los países de América.	☐	☐
3. La música latina en América es, sobre todo, música para bailar.	☐	☐
4. La música latina combina ritmos europeos, africanos e indígenas.	☐	☐

Viaje al mundo hispano

플라멩코(flamenco)

살사(salsa)

탱고(tango)

ANEXO

Lecturas de cultura 번역

Lección 1: De compras

동방박사의 날

스페인에서 동방박사의 날은 매우 대중적인 축제이다. 전통에 따르면, 1월 5일에서 6일로 넘어가는 밤에 동방을 떠나온 세 명의 왕이 별의 안내를 받아 낙타를 타고 베들레헴에 도착한다. 그들은 아기 예수에게 세 가지 선물을 가져다주었는데, 그 선물은 황금과 유향 그리고 몰약이었다. 그래서 아주 오래전부터 스페인 아이들은 1월 6일에 선물을 받는다.

1월 5일 오후에는 스페인 대부분 도시의 주요 도로에서 행진이 있는데, 사륜마차에서 궁중 시종들이 모든 구경꾼에게 사탕을 던진다. 행진 혹은 '카발가타(cabalgata)'에서 중세 왕 복장을 한 세 명의 남자들은 동방박사 멜초르와 가스파르 그리고 발타사르를 나타낸다.

그날 밤 아이들은 일찍 잠들지만, 잠자리에 들기 전 신발 옆에 낙타를 위한 물과 음식을, 왕을 위한 사탕이나 음료수를 놓아둔다. 그다음 날 아침 아이들은 동방박사들이 가져다준 선물을 보기 위해 서둘러 일어난다.

참 혹은 거짓

답하세요.

1. 동방박사의 날은 스페인의 전통적인 축제이다.
2. 아이들은 구경꾼들에게 선물을 준다.
3. 예수가 태어났을 때 왕들은 사륜마차로 베들레헴을 여행했다.
4. 아이들은 세 명의 동방박사를 위해 집에 선물을 놓아둔다.

Lección 2: Me levanto a las siete

스페인어의 아메리카니스모와 인디헤니스모

아메리카니스모는 스페인어에 편입된 아메리카 원주민의 방언이나 단어, 표현을 일컫는다. 스페인어 용어에서 기원했지만 현재 스페인에서는 고어가 된 반면, 라틴아메리카에서는 여전히 사용되는 아메리카니스모도 있다. 이러한 단어들은 중남미 스페인어와 이베리아반도 스페인어(즉, 스페인 스페인어)의 차이를 만든다. 인디헤니스모는 주로 나우아틀어, 케추아어, 마야어, 과라니어, 타이노어에서 유래한 단어들이다. 예를 들어 카카오, 마테, 팜파, 야마, 카노아, 토마토, 옥수수, 감자 등이 있다.

멕시코에서는 대부분의 인디헤니스모가 아스텍어로도 알려진 나우아틀어에서 유래했다. 남아메리카에서는 인디헤니스모가 일반적으로 케추아어에서 유래했다. 케추아어는 잉카제국의 공식 언어였으며, 현재 남아메리카의 광대한 지역(페루, 볼리비아, 콜롬비아, 에콰도르, 아르헨티나, 칠레)에서 1천만 명이 넘는 사람들이 이 언어를 사용하고 있다.

참 혹은 거짓

답하세요.

1. 아메리카니스모는 오직 원주민어의 단어를 뜻하는 말이다.
2. 멕시코에서 가장 흔한 인디헤니스모는 나우아틀어이다.
3. 케추아어는 수백만 명 이상이 말하는 언어이다.
4. 이베리아반도(스페인)의 스페인어는 아메리카 스페인어와 동일하다.

Lección 3: ¿Has estado alguna vez en España?

국제 언어로서의 스페인어

의심할 여지 없이, 스페인어는 세계에서 가장 중요하고 가장 많이 쓰이는 언어 중 하나이다. 또한 스페인어는 UN(국제연합), OAS(미주기구), UNESCO(국제연합교육과학문화기구)와 같은 많은 국제기구의 공용어이기도 하다.

스페인어는 5대륙으로 확장되어 거의 5억 명의 사용자를 가진 언어이다. 스페인어는 스페인과 라틴아메리카, 카리브해 연안 21개국의 공식어이다. 또한 아프리카 대륙의 적도 기니의 공식어이기도 하다.

스페인어는 미국에서 영어에 이어 두 번째로 많이 쓰이는 언어이며, 전 세계 90여 개국 학생 1천 780만 명이 공부하는 언어이다.

미국과 브라질에서의 스페인어 성장세는 스페인어 국제화에 도움이 될 것이다. 사실 스페인어는 이미 전 세계적으로 경제, 상업 영역에서 두 번째로 많이 사용되는 언어이다.

참 혹은 거짓

답하세요.

1. 스페인어는 국제화된 세계에서 그 중요성을 잃어 가고 있다.
2. 미국에는 스페인어를 말하는 사람이 아주 적다.
3. 스페인어는 사업이나 상업 분야에서 많이 사용되지 않는다.
4. 브라질에서 스페인어를 배우려는 관심이 증대하고 있다.

Lección 4: ¿Qué hiciste ayer?

스페인과 라틴아메리카의 스포츠

스페인어권 국가에서 가장 인기 있는 스포츠 중 하나는 축구이다. 스페인어권 사람들은 아주 어렸을 때부터 휴식 시간과 자유 시간에 공터에서 이 운동을 한다.

각각의 나라, 각각의 도시, 각각의 기관과 각각의 학교는 축구 클럽을 가지고 있는데, 주말이면 경기장과 운동장은 자신의 클럽을 응원하는 사람들과 팬들로 가득 찬다. 레알 마드리드와 FC 바르셀로나 간의 경기인 엘 클라시코는 가장 기대되는 경기 중 하나로 세계적으로도 유명하며 높은 평가를 받는다.

우루과이, 아르헨티나, 스페인 등 스페인어권 여러 나라들은 월드컵에서 우승을 하였다. 또한 스페인어권 국가들은 많은 국제 경기의 중심지가 되기도 하였다.

스페인어권 세계에서는 축구 외에도 많은 운동을 하고 있다. 예를 들어 야구, 배구, 농구 그리고 복싱이 있다.

"건강한 육체에 건강한 정신이 깃든다"는 스포츠를 장려하기 위해 쓰이는 표어인데, 사회에서 중요한 역할을 수행한다. 스포츠의 긍정적인 효과는 건강뿐만 아니라 각국의 경제 성장과 정체성에도 영향을 미친다.

참 혹은 거짓

답하세요.

1. 스페인에서 축구는 인기 있는 스포츠이다.
2. "건강한 육체에 건강한 정신이 깃든다"는 많이 먹고 생각하라는 표어이다.
3. 우루과이, 아르헨티나와 스페인은 월드컵에서 한 번도 우승하지 못했다.
4. 엘 클라시코는 국제 경기이다.

Lección 5: ¿Adónde fuiste la semana pasada?

아메리카 정복

16세기에 아메리카의 광대한 지역을 정복한 스페인 탐험가들과 전투대원들을 "conquistadores(정복자들)"라고 한다. 정복기로 알려진 이 시기는 100년이 채 걸리지 않았다. 정복이라는 용어는 1573년 공식적으로 폐기되고 "pacificación(화해)"으로 대체되었다. 초기 정복자들이 가장 유명한데, 이들 중에는 후안 폰세 데 레온, 바스코 누녜스 데 발보아, 프란시스코 피사로, 에르난 코르테스, 알바르 누녜스 카베사 데 바카 등이 있다.

그렇지만 정복은 크리스토퍼 콜럼버스(1451-1506)의 아메리카 도착으로 시작되었다. 그 항해자는 경제적인 동기에서 아시아로 향하는 서쪽 항로를 개척하려는 계획을 가지고 있었다. 14세기부터, 극동 지역(중국과 일본)과의 유럽 교역(향신료, 사치품)은 수익성이 아주 높았다. 그 시기까지 무역은 중동을 통해 이루어졌고 이는 아랍인들에 의해 통제되고 있었다. 1492년 그라나다 정복 이후 카스티야 왕국의 이사벨 1세 여왕이 세 척의 배(Pinta, Niña, Santa Maria)로 이루어진 소규모 선단을 후원했다. 그 세 척의 배 그리고 핀손 형제를 포함한 약 80명 선원의 도움으로, 콜럼버스는 그해 10월 12일 카리브 제도에 도착했다.

참 혹은 거짓

답하세요.

1. 크리스토퍼 콜럼버스는 경제적인 관심 때문에 아메리카에 가기를 원했다.
2. 크리스토퍼 콜럼버스는 먼저 세 척의 배로 남아메리카에 도착했다.
3. 스페인인들은 약 1세기 동안 아메리카의 광대한 지역을 정복했다.
4. 16세기는 정복 기간에 가장 중요한 때였다.

Lección 6: ¿Dónde vivías cuando eras pequeño?

노벨상

스페인어권 세계의 국가들은 1901년 노벨상이 제정된 이후로 23개의 노벨상을 받았다. 첫 수상은 1904년이었고 마지막 수상은 2010년이었다. 스페인어권 국가들이 받은 노벨상은 대부분 문학상과 평화상이지만 화학과 의학상 등 과학 분야에서도 수상하였다.

	종합	아르헨티나	콜롬비아	코스타리카	칠레	스페인	과테말라	멕시코	페루	베네수엘라
의학	**5**	2				2				1
화학	**2**	1						1		
평화	**5**	2		1			1	1		
문학	**11**		1		2	5	1	1	1	
종합	**23**	**5**	**1**	**1**	**2**	**7**	**2**	**3**	**1**	**1**

위의 표에서 위대한 노벨상 수상자들의 출신 국가를 볼 수 있다.
의심할 여지 없이, 연극(2), 소설(4), 시(15) 등 주요 문학 장르들이 노벨문학상을 수상한 것을 고려하면 우리는 스페인어권 문학이 폭넓게 인정받았다는 사실을 알 수 있다. 가브리엘 가르시아 마르께스와 까밀로 호세 셀라 그리고 마리오 바르가스 요사의 소설들은 후안 라몬 히메네스, 옥타비오 빠스, 빠블로 네루다의 시와 마찬가지로 수십 개의 언어로 번역되었다.
스위스 스톡홀름의 노벨 재단은 매년 인류를 위한 우수한 업적과 연구를 수행한 사람들에게 보상할 것을 유언한 알프레드 노벨의 뜻을 계속해서 이루어 갈 것이다.

참 혹은 거짓

답하세요.

1. 노벨상은 배우들에게 수여된다.
2. 스페인어 사용 국가들이 받은 노벨상은 11개이다.
3. 노벨 재단은 인도적 도움을 주는 기관이다.

Lección 7: ¿Qué harán ustedes mañana?

카리브 문화

대서양에는 카리브해가 있다. 이 지역에 있으면서 스페인어를 사용하는 국가들은 이 지역만의 공통적이고 독특한 문화적 특징을 공유한다.
카리브 문화를 구성하는 국가들로는 쿠바, 푸에르토리코, 아이티와 섬을 공유하고 있는 도미니카공화국 등이 있다. 그러나 또한 베네수엘라, 콜롬비아, 파나마의 북쪽 해안과 코스타리카, 니카라과, 온두라스, 과테말라, 벨리즈, 유카탄반도(멕시코)의 서쪽 해안 지역도 포함된다.
이 섬주민들 대부분은 물라토인데, 식민 시대에 사탕수수 농장에서 일을 시키기 위해 들여온 흑인 노예와 백인 혼혈의 결과로 생겨난 인종이다.
카리브 문화는 다양한 영향이 혼합된 산물이다. 원주민, 아프리카, 유럽의 영향이 이들의 음식과 예술, 음악과 춤에 반영되어 있다.
살사는 카리브에서 전 세계로 퍼져나가 가장 유명해진 리듬 중의 하나이다. 살사는 60년대 후반, 70년대 초반에 출현하여 모든 사회적·지리적 경계를 넘어 전 세계를 매료시킨 현상으로 변화했다.

참 혹은 거짓

답하세요.

1. 카리브 지역의 나라들은 바다에서 멀다.
2. 카리브의 사람들과 문화는 단일하다.
3. 살사는 카리브의 리듬 중에 유일하게 유명하다.

Lección 8: ¿Podría traernos la carta?

스페인의 고유 음식: 안달루시아 가스파초

가스파초는 안달루시아 음식 중에서 가장 세계적인 동시에 가장 대중적인 요리이다. 과거 가스파초는 여름 안달루시아 농가 식단의 중요한 부분이었다. 준비하는 방법은 준비 시점에 쉽게 구할 수 있는 재료(토스트, 피망, 오이, 삶은 달걀 등)에 따라 다르다. 따라서 이 시원한 토마토수프를 만드는 요리법은 여러 가지가 있다. 그렇지만 여기 그 요리를 준비하는 간단한 방법을 제시해 본다.

6인분용 재료:
붉게 익은 토마토 2kg; (튀김용) 피망 2개; 마늘 두 쪽; 작은 오이 1개; 올리브유 1과 1/2 컵(200cc 용량); 와인식초 1/2 컵; 소금.

먹는 사람의 입맛에 따라 다른 음식을 곁들이는 것이 좋다. 주사위 모양으로 잘게 썬 토마토, 피망, 양파, 오이, 삶은 계란, 토스트, 햄 등의 "조각(tropezones)"을 다양하게 넉넉히 준비하는 것이 이상적이다. 가스파초는 큰 그릇에 담고 준비된 조각들은 개인 쟁반에 담아낼 것을 권한다. 콘소메 잔에 충분히 시원한 상태로 내는 것이 중요하다. 그렇지만 조각들을 곁들이지 않고 잔 그대로 마시는 사람도 있다.

참 혹은 거짓

답하세요.

1. 가스파초는 겨울에 먹는 전통적인 음식이다.
2. 가스파초의 주재료는 토마토이다.
3. 가스파초는 채소, 달걀, 토스트로 만드는 더운 수프이다.
4. 안달루시아 가스파초를 만드는 여러 방법이 존재한다.

ANEXO

Lección 9: ¿Cómo se puede ir al Museo del Prado?

콜럼버스 이전 아메리카 문화: 마야와 아스텍, 잉카

기원전 1500년과 기원후 1546년 사이, 아메리카의 북부, 중부, 남부에서 세 개의 위대한 문화 혹은 문명이 발전했다. 바로 중앙아메리카의 마야와 아스텍 그리고 남아메리카의 잉카문명이다.

마야인들은 멕시코의 유카탄반도 전체와 과테말라, 온두라스, 엘살바도르, 벨리즈 지역으로 퍼져 나갔다. 이들은 독립된 도시 국가들로 구성되어 있었다. 사회는 농업 경제와 상업에 기초했다. 마야인들은 치첸 이차와 같은 거대한 사원과 도시를 건설했다. 종교 중심지에는 통치자를 위한 피라미드와 왕궁을 지었다. 문자 체계는 음성 및 음절 기호와 뜻을 결합한 것이었다.

메시카인들 혹은 아스텍인들은 12세기와 14세기 사이에 북아메리카의 바예 데 멕시코 유역으로 이주했다. 그곳에서 수도인 테노치티틀란(현 멕시코시티)을 창건했다. 메시카인들은 다양하고 복합적인 천문학적, 종교적, 정치적, 예술적 문화를 발전시켰다. 메시카인들의 언어는 나우아틀어였으며, 이는 오늘날 멕시코의 많은 원주민이 사용하는 언어이다.

태양의 자식들로 불린 잉카인들은 위대한 정복자로, 아메리카에서 가장 넓고 광활한 제국을 건설하였는데, 그 영토는 에콰도르의 키토부터 칠레 중부지방에 이르기까지 남아메리카 거의 전역에 걸쳐 있었다. 그들은 자신들이 정복한 모든 부족에게 케추아어를 전파했으며, 케추아어는 오늘날에도 남아메리카의 6개국에서 사용된다. 잉카인들은 금은 세공술과 직물 공예를 발전시켰으며, 특히 정교한 석조 작업에 탁월한 건축가였다. 수수께끼 같은 그 한 사례가 마추픽추 요새이다.

참 혹은 거짓

답하세요.

1. 아스텍인들은 어업을 주된 경제로 삼았던 사람들이다.
2. 마야인들은 중앙아메리카에서 통일 제국을 창조했다.
3. 잉카인들은 아메리카의 북부를 정복했다.
4. 콜럼버스 이전 문화는 스페인에서 비롯되었다.

Lección 10: Te pido que vengas ahora mismo

스페인어권 세계의 음악과 춤

라틴 음악은 라틴아메리카 모든 국가의 음악과 스페인, 포르투갈, 프랑스, 이탈리아, 루마니아의 음악을 포함한다. 라틴 음악은 매우 다양하며, 라틴 음악의 리듬은 다른 지역의 음악적 전통의 영향, 특히 아프리카 음악의 산물이다.

스페인 음악 양식 중에서는 스페인 노래, 플라멩코, 파소도블레, 볼레로, 쇼티셰, 아바네라, 폴카, 사르수엘라가 두드러진다. 아메리카에는 다양한 무용 리듬이 있다. 이러한 리듬에는 탱고와 밀롱가(아르헨티나), 쿠에카(칠레), 쿰비아(콜롬비아), 람바다(볼리비아), 마리아치, 란체라, 북부 음악(멕시코), 메렝게와 바차타(도미니카공화국), 손, 차차차, 맘보, 룸바, 살사(쿠바), 삼바와 보사노바(브라질) 등을 포함한 다양한 리듬이 있다.

그 모든 리듬의 양식들은 유럽, 아프리카 그리고 아메리카 원주민 음악 요소가 혼합되어 생겨났다.

참 혹은 거짓

답하세요.

1. 라틴 음악은 라틴아메리카 양식만을 포함한다.
2. 라틴 음악은 아메리카 모든 나라에서 유사성이 있다.
3. 아메리카의 라틴 음악은 무엇보다도 춤을 추기 위한 음악이다.
4. 라틴 음악은 유럽, 아프리카, 원주민 리듬의 혼합이다.

ANEXO

초급 스페인어 2

연습문제 답안

Lección 1

연습문제 2

1. El padre de Juan es menos alto que él.
2. Mi hermana es menos guapa que yo.
3. Yo soy menos inteligente que mis compañeros.
4. Nosotros comemos menos que los niños.
5. Las motos corren menos rápido que los coches.
6. Tú siempre cometes menos errores que yo.
7. Yo hablo español peor que tú.
8. Mi madre es cinco años menor que mi padre.

연습문제 3

1. Mi apartamento es tan alto como su apartamento.
2. Estos pendientes son tan bonitos como esos.
3. Este vestido azul es tan moderno como aquel vestido amarillo.
4. Esos pantalones formales son tan cómodos como estos pantalones deportivos.
5. Mi falda no es tan corta como tu falda. (como la tuya)
6. Esta camisa azul es tan ancha como aquella camisa blanca.

연습문제 4

1. Yo tengo tanta prisa como tú.
2. Tengo tanto calor como tú.
3. Juan tiene tanta hambre como su hijo.
4. Tienes tantas amigas mexicanas como yo.
5. Tengo tanto trabajo que hacer hoy como tú.
6. Estas zapatillas no cuestan tanto como aquellos zapatos.

연습문제 5

1. Este es el programa más divertido de todos.
2. Sevilla es la ciudad más popular de España.
3. Juan es el chico más generoso entre mis amigos.
4. La Física es la asignatura más difícil de todas.
5. Esta es la comida más sabrosa de este restaurante.
6. Este es el mejor jugador de toda Europa.

연습문제 6

1. Sí, estoy contentísimo.
2. Sí, su padre es riquísimo.
3. Sí, me gusta muchísimo este anillo de diamante.
4. Sí, la película es larguísima.
5. Sí, el paisaje de los Andes es hermosísimo.
6. Sí, este edificio es altísimo.
7. Sí, el examen es dificilísimo.
8. Sí, la señora de la casa es simpatiquísima.

Lección 2

연습문제 1

1. me despierto, me levanto, me ducho
2. te levantas
3. me despierto, me levanto
4. te acuestas
5. se llama, Se llama
6. se baña
7. se sientan
8. se maquilla

연습문제 2

1. se pone
2. se quitan
3. se lava
4. nos cepillamos
5. me pongo
6. me acuesto
7. me levanto
8. me ducho

연습문제 3

1. se abrazan, se besan
2. te acuerdas
3. se saludan
4. nos vemos
5. se saludan, se dan
6. se despiden

연습문제 6

1. A usted le duele la cabeza.
2. A ti te duelen los oídos.
3. Al futbolista le duelen los pies.
4. A la bailarina le duelen las piernas.
5. Al tenista le duele el codo.
6. A la señora le duele la nariz.
7. Al pianista le duelen los dedos.
8. A mí me duele el corazón.

연습문제 8

1. están estudiando
2. está durmiendo
3. están cayendo
4. está examinando
5. se está poniendo / está poniéndose
6. está dando la clase
7. está conduciendo
8. están siguiendo

연습문제 9

1. Estamos tomando cerveza.
2. Está durmiendo.
3. Se están quitando las camisetas / Están quitándose las camisetas.
4. Se están maquillando / Están maquillándose.

연습문제 10

1. Sí, la estoy leyendo / Sí, estoy leyéndola.
2. Sí, los estamos comiendo / Sí, estamos comiéndolos.
3. Sí, la están haciendo / Sí, están haciéndola.
4. Sí, se los está poniendo / Sí, está poniéndoselos.

Lección 3

연습문제 1

1. te has levantado
2. Me he levantado
3. ha llovido
4. ha nevado
5. han hecho
6. Has visto
7. he visto
8. hemos vivido

연습문제 6

1. La Sagrada Familia ha sido diseñada por Gaudí.
2. El mar ha sido contaminado por los barcos.
3. El acueducto de Segovia ha sido construido por los romanos.
4. El vidrio de la ventana ha sido roto por los muchachos.
5. Un gato ha sido atropellado por un taxi.
6. Una pelota ha sido tirada por un niño.

연습문제 7

1. ¿Cuándo se han firmado los documentos?
2. Los documentos se han firmado esta mañana.
3. El Estadio Olímpico se ha construido este año.
4. Los paquetes se han enviado a la oficina del director.
5. En España las tiendas se cierran durante el almuerzo.
6. Los tabacos se venden en el estanco.

연습문제 8

1. No, no hay nada interesante.
2. No, no hay nadie.
3. No, no tengo ningún diccionario.
4. No, no tengo ninguna pregunta.
5. No, no hay nada especial.
6. No, no tengo ningún examen.
7. No, no tengo ninguna tarea que hacer para hoy.
8. No, no hay ningún estudiante enfermo en esta clase.

Lección 4

연습문제 1

1. te acostaste / Me acosté
2. naciste / Nací
3. comieron / Comimos, bebimos
4. volviste / Volví
5. Recibisteis / recibimos
6. viviste / Viví
7. caminaron / Caminamos
8. salió / Salió

연습문제 2

1. llegaste / Llegué
2. almorzaste / Almorcé
3. Tocó / toqué
4. Jugaste / jugué
5. Crucé, llegué
6. leyó / Leí

연습문제 4

1.

Saqué los billetes.
Reservé un hotel.
Cambié dinero.
Solicité el pasaporte.
Pedí una visa/un visado.
Hice la maleta.
Leí la guía turística.
Busqué información en Internet.
Pregunté a mis amigos sobre el sitio.
Miré un mapa.

2.

Llegué al aeropuerto.
Facturé / Documenté mi equipaje en el mostrador.
Saqué la tarjeta de embarque.
Subí al avión.

3.
Bajé del avión.
Pasé el control de pasaporte y la aduana.
Tomé un autobús / tren / metro / taxi para ir al hotel.
Me alojé en un hotel / hostal.

4.
Visité una oficina de turismo.
Comí comida típica.
Compré unos recuerdos / unas postales.
Vi una función de flamenco.
Visité museos y otros sitios de interés.

연습문제 7

1. mucha	2. mucho	3. mucho
4. muy	5. muy	6. muy
7. muy	8. mucho	

Lección 5

연습문제 1

1. condujeron	2. pude	3. hiciste	4. hubo
5. quise	6. vino	7. estuvimos	8. me puse

연습문제 2

1. fui	2. vi	3. fuiste	4. di
5. dimos	6. fueron	7. vieron	8. fue

연습문제 3

1. se sintió	2. se divirtieron
3. murió	4. durmieron
5. mintió	6. sirvió
7. siguieron	8. pidieron

연습문제 4

1. Estuvimos en un parque de atracciones.
2. Di una fiesta.
3. Fuimos de campamento.
4. Fue muy aburrida.
5. Tuve un accidente.
6. No le dije nada.
7. Yo me puse un traje formal.
8. Vine en coche.

연습문제 5

1. ¿Cuándo viajaste en avión por última vez?
2. ¿Cuándo fuiste a bailar por última vez?
3. ¿Cuándo tuviste un examen por última vez?
4. ¿Cuándo fuiste a la playa por última vez?
5. ¿Cuándo viste una película por última vez?
6. ¿Cuándo fuiste a la montaña por última vez?

연습문제 7

nació / fue / se mudó / ingresó / fue / organizó / vivió / se mantuvo / pintó / murió

연습문제 8

1. Cayó el Muro de Berlín en 1989.
2. Terminó la segunda Guerra Mundial en 1945.
3. Se descubrió/ Descubrieron la luz eléctrica a finales del siglo XIX.
4. Llegó el hombre a la luna el 21 de julio de 1969.
5. Se hundió Titanic en abril de 1912.
6. Se construyó/Construyeron la Torre Eiffel en 1889.

연습문제 9

Vine / Salí / llegué / vine / tardé / Me alojé / salí / tomé 혹은 tomamos / visité / gustó / fui / conocí / he ido / he dado / Me he divertido

Lección 6

연습문제 1

1. veníais
2. era / lloraba
3. íbamos
4. estaban
5. tomaba
6. trabajaba
7. veían / estaban
8. iba / quería

연습문제 3

1. iba / tuvo
2. me desperté / eran
3. volví / veía
4. iba / me encontré
5. iba / perdí
6. preparaba / llamé

연습문제 4

1. Cuando llamaste, veían televisión.
2. Cuando empezó a llover, lavaba su coche.
3. Cuando me encontraste, perdía el tiempo.
4. Cuando llegó mi papá, no hacíamos nada.
5. Mientras esperaban a Juan, tomaban un jugo.
6. Mientras arreglabais el coche, limpiaba mi casa.

연습문제 5

1. Estaba limpiando mi habitación/ mi casa.
2. Estaba planchando una camisa.
3. Estaba preparando la comida.
4. Estaba lavando platos.
5. Estaba sacando la basura.
6. Estaba dando de comer al perro / al gato.
7. Estaba sacando al perro a pasear.
8. Estaba lavando la ropa.

연습문제 6

1. habían cenado
2. había empezado
3. había comprado
4. habías recomendado
5. se había ido
6. se había cerrado
7. se había escapado
8. había esperado

연습문제 7

1. no podía ir
2. no podían salir aquel día
3. estaban cansados
4. no les gustaba caminar
5. no sabía conducir
6. si podía ir a su casa
7. adónde habíamos ido
8. en qué año había nacido nuestro primer hijo

연습문제 8

1. En las noticias/en el periódico dijeron que Corea había vencido a Japón por tres a cero en la Copa Mundial.
2. En las noticias/en el periódico dijeron que el parlamento de Cataluña prohibía la corrida de toros.
3. En las noticias/en el periódico dijeron que el huracán pasaba por Florida.
4. En las noticias/en el periódico dijeron que Irán había atacado a la Unión Europea en la ONU.
5. En las noticias/en el periódico dijeron que había estallado la guerra de Irak.
6. En las noticias/en el periódico dijeron que había crisis económica en todo el mundo.

Lección 7

연습문제 1

1. estará
2. viajaré / haré
3. se graduará / irá
4. llegaréis
5. se jubilará
6. cumplirá
7. nos reuniremos
8. nos mudaremos / viviremos

연습문제 2

1. tendrá
2. te pondrás
3. cabrá
4. Podrás
5. harán
6. Habrá
7. vendrá
8. dirán

연습문제 3

1. Saldré temprano y volveré tarde.
2. Andaré 10 minutos y tomaré el autobús.
3. Iremos a un bar y tomaremos cerveza.
4. Visitaremos museos, pasearemos por las calles antiguas y pasaremos un tiempo maravilloso.
5. Tomaremos el primer tren para Barcelona y regresaremos el martes.

연습문제 4

1. Si tocas madera, evitarás las dificultades en el futuro.
2. Si recibes el ramo de la novia en una boda, te casarás pronto.
3. Si te cruzas con un gato negro, tendrás mala suerte.
4. Si duermes con un espejo debajo de la almohada, soñarás con tu futuro/–a esposo/–a.
5. Si te pones el jersey al revés, tendrás buena suerte.
6. Si abres el paraguas dentro de casa, tendrás mala suerte.

연습문제 5

1. C. tendremos más tiempo libre.
2. E. morirá más gente de hambre.
3. B. morirá menos gente a causa de esa enfermedad.
4. D. desaparecerán muchas especies de animales.
5. A. utilizaremos otras fuentes de energía.

Lección 8

연습문제 1

1. La pirata prometió a los turcos que los transportaría a Egipto.
2. El capitán enbarcó a los turcos y pensó que los llevaría a Persia y los vendería como esclavos.
3. Los turcos dijeron que harían una revuelta.
4. El profesor dijo que tendrían un examen el siguiente lunes.
5. Mis padres me dijeron que mi hermana se graduaría de la universidad en junio.
6. Los estudiantes preguntaron cuándo tendrían examen.

연습문제 2

1. ¿Querrías ir al teatro esta noche?
2. ¿Preferirías sentarte en esta silla?

3. ¿Le importaría dejar de fumar?
4. ¿Podría traerme una botella de agua mineral?
5. Tendríamos que cancelar el compromiso.
6. Deberías estar en la puerta antes de las 2.
7. ¿Me harías un favor?
8. Habría que tener mucho cuidado.

연습문제 3

1. ¿Les importaría quitarse los zapatos?
2. ¿Te importaría sentarte?
3. ¿Le importaría esperar un momento?
4. ¿Te importaría dejarme este bolígrafo?
5. ¿Te importaría acompañarme?
6. ¿Te importaría venir a mi casa a recogerme?
7. ¿Os importaría ir al aeropuerto a recoger a nuestros amigos?
8. ¿Le importaría salir de aquí?

연습문제 4

gustaría / Querría / podría / desearía / sería

연습문제 8

1. ¿Nos trae un vaso de agua?
   ¿Nos trae una botella de agua?
2. ¿Nos trae la/una servilleta?
3. ¿Nos trae una taza de café?
4. ¿Nos trae una botella de tequila?
5. ¿Nos trae la/una cuchara?
6. ¿Nos trae el/un cuchillo?
7. ¿Nos trae los/unos palillos?
8. ¿Nos trae el pan?

연습문제 9

1. ¿Nos trae más agua, por favor?
2. ¿Nos trae otra servilleta, por favor?
3. ¿Nos trae otra taza de café, por favor?
   ¿Nos trae más café, por favor?
4. ¿Nos trae otra botella de tequila, por favor?
   ¿Nos trae más tequila, por favor?
5. ¿Nos trae otra cuchara, por favor?

6. ¿Nos trae otro cuchillo, por favor?
7. ¿Nos trae otros palillos, por favor?
8. ¿Nos trae más pan, por favor?

Lección 9

연습문제 1

1. Habla en voz alta.
   Hablad en voz alta.
2. Abre el libro.
   Abrid el libro.
3. Escucha el diálogo.
   Escuchad el diálogo.
4. Haz preguntas.
   Haced preguntas.
5. Llega a tiempo.
   Llegad a tiempo.
6. Presta atención al profesor.
   Prestad atención al profesor.
7. Entrega la tarea.
   Entregad la tarea
8. Habla con tu compañero.
   Hablad con vuestro compañero.

연습문제 2

1. Tome un taxi, por favor.
2. Vuelva enseguida, por favor.
3. Camine mucho, por favor.
4. Beba mucha agua, por favor.
5. Coma mucha verdura y fruta, por favor.
6. Introduzca la tarjeta de crédito, por favor.
7. Pulse su número secreto, por favor.
8. Saque su dinero, por favor.

연습문제 3

1. No saquéis fotos.
   No saquen fotos.

2. No toquéis pinturas.
   No toquen pinturas.
3. No digáis mentiras.
   No digan mentiras.
4. No traigáis comida ni bebida.
   No traigan comida ni bebida.
5. No entréis con perros.
   No entren con perros.
6. No piséis el césped del jardín.
   No pisen el césped del jardín.
7. No fuméis en el edificio.
   No fumen en el edificio.
8. No entréis en el agua de la fuente.
   No entren en el agua de la fuente.

연습문제 4

1. dímela
2. póntelas
3. siéntese
4. enciéndala
5. ciérrela
6. acostaos

연습문제 5

1. ¿Me haces un favor?
   ¿Me puedes hacer un favor?
2. ¿Me dejas tu móvil por un momento?
   ¿Me puedes dejar tu móvil por un momento?
3. ¿Me llevas al aeropuerto?
   ¿Me puedes llevar al aeropuerto?
4. ¿Vienes al aeropuerto a recibirme?
   ¿Puedes venir al aeropuerto a recibirme?
5. ¿Bajas el volumen?
   ¿Puedes bajar el volumen?
6. ¿Subes el volumen?
   ¿Puedes subir el volumen?
7. ¿Apagas la calefacción?
   ¿Puedes apagar la calefacción?
8. ¿Enciendes el aire acondicionado?
   ¿Puedes encender el aire acondicionado?

연습문제 10

1. Se puede usar en una tienda.
2. Se puede usar en el autobús.
3. Se puede usar en el tribunal / en la biblioteca.
4. Se puede usar en el museo.
5. Se puede usar en el parque.
6. Se puede usar en la autopista.
7. Se puede usar en la gasolinera / en el aparcamiento.
8. Se puede usar en el hospital / en el tribunal.

연습문제 11

1. No se puede pasar. / Está prohibido pasar. / Se prohíbe pasar.
2. No se puede ir/conducir a más de cincuenta kilómetros por hora.
   Está prohibido correr a ~ / Se prohíbe correr a ~
3. No se puede aparcar. / Está prohibido aparcar. / Se prohíbe aparcar.
4. No se puede fumar. / Está prohibido fumar. / Se prohíbe fumar.

Lección 10

연습문제 1

1. saquemos
2. llames
3. vayamos
4. tenga
5. tengas
6. pases
7. pierdas
8. leamos

연습문제 2

1. lleguemos
2. tome
3. viajemos
4. hablen
5. perdone
6. atienda
7. vuelva
8. entremos

연습문제 3

1. Quiero que ustedes compren los billetes del tren.
2. Prefiere que nosotros bebamos mojito.
3. Prefiere que su mujer busque a su hija.
4. Prefiero que tú llames a José.
5. Prefiero que tú vengas a verme.
6. Prefiero que mis compañeros vayan a la reunión.

7. Prefiero que tú te encargues de este asunto.
8. Ella prefiere que yo acompañe al director.

연습문제 4

te sientas, sepas, respetes, beban, salgan, duerman, colabores, dejes, cumplas, hagas, aproveches, visites, estudies, comas, vayas, gastes, sea

연습문제 8

1. En Navidad.
2. En el cumpleaños de un amigo.
3. En el cumpleaños de un amigo.
4. Para expresar el agradecimiento en el día de los padres.
5. Para expresar el agradecimiento en el día de los padres.
6. En el funeral.

연습문제 9

1. haya
2. quiere
3. nieve
4. esté
5. tengas
6. conservemos
7. aprendan
8. llegue